Con desbord[...]

para Eddy [...], de

[...] del Río. La [...]

de mi abuela [...].

Roca

1-24-2018

La Habana Esplendorosa
La verdadera Cuba antes de Castro
Gustavo Roca
Escritor. Periodista
Tel: (470)558-5006
Email: gutarroca@yahoo.com

La Habana Esplendorosa

Zoe Blanco-Roca y Gustavo Roca

ISBN: 978-1480013667

Library of Congress Control Number: 2012918670

zblancoroca@yahoo.com

Fotografía de la cubierta: Francisco Javier Arbolí

www.alexlib.com

"Los hombres van en dos bandos:
los que aman y fundan, los que
odian y destruyen."

José Martí

CONTENIDO

Prólogo

A lo largo de mi carrera periodística, he cultivado todos o casi todos los Géneros, Artículo, Entrevista, Crónica, Reportaje, Foto- Reportaje. Ahora, lo que es prologar un libro, esta es la primera vez, y me aflora la pregunta ¿prologar es un género? ¿tiene sus reglas? No lo sé. Pero como se trata de un libro sobre La Habana, ciudad donde nací y me criaron el reto no me puede resultar más agradable y me obliga a remover los recuerdos de mi niñez y temprana juventud. Mis primeros pasos por sus calles lo dí de la mano de mi madre, mujer de una curiosidad insaciable quien gustaba de incursionar por la parte antigua de la ciudad que los cubanos llamamos La Habana Vieja. Durante esas incursiones fui descubriendo el encanto, la magia de calles como Obispo, Aguacate, Lamparilla, Muralla, Obrapía, todas y cada una con sus peculiaridades, sus ruidos habituales, sus olores. Lamparilla se especializaba en equipos y efectos eléctricos, cables, lámparas, bombillos. Muralla era la calle de los textiles y los famosos retazos donde las habaneras se surtían de hermosas telas para encargar sus vestidos a la modista del barrio. Había una calle que se estrechaba tanto, que solo permitía el paso del tranvía y apenas dejaba un espacio libre de unas doce pulgadas por lo que el peatón se veía obligado a pegarse contra la pared de los edificios para no ser atropellado. A medida que uno se iba aproximando al puerto por la calle Luz se comenzaba a respirar el aire cargado de extraños olores, mezcla de salitre y otras fragancias que se me antojaban procedentes de lejanas tierras.

La Habana se iba modernizando aceleradamente después de la segunda Guerra Mundial y ya casi todos los cines de primera tenían aire acondicionado. El tráfico del Puerto era intenso. Mercantes de todas partes le visitaban. La comunicación marítima con España, interrumpida por la Guerra, se había reanudado. En el Muelle de San Francisco atracaban el Covadonga o el Marqués de Comillas. En el Muelle de Luz se tomaba la lancha que cruzando la bahía te llevaba al poblado de Regla, cuya notoriedad venía de su comparsa Los Guaracheros de Regla que todos los años regalaba su arte incomparable en los Carnavales a lo largo del Paseo del Prado y el Malecón.

Pasando el tiempo los tranvías de la Havana Electric Co. fueron sustituidos por los Autobuses Modernos, los Leyland ingleses, mientras que las guaguas de la COA por los modernísimo General Motors, americanos. Los recuerdos siguen aflorando a medida que repaso las páginas de este libro, documento importantísimo si queremos conocer como se vivía en La Habana y en general en el resto del país, en la primera mitad del siglo XX. La Habana Esplendorosa, nos muestra no a través de estadísticas o largos e intrincados informes, sino, mediante la publicidad desplegada en los medios de información gráficos (periódicos y revistas), como vivían los cubanos, como vestían, donde se surtían de víveres, a cuales restaurantes o fondas iban a comer, a que centros de diversión y esparcimiento acudían, que calzado usaban. En fin que la compilación acuciosa y paciente de varios años en el archivo de la Cuban Heritage Collection de la Universidad de Miami, nos facilita una interpretación factual de la década de los años cincuenta en la capital de Cuba. El libro es un monumento a la verdad histórica ya no solo de La Habana sino del todo el país. Con este libro no habrá necesidad de "arqueólogos" desenterrando artefactos de aquella época esplendorosa. Los curiosos investigadores del futuro inmediato y los de siglos por venir, solo tendrán que estudiar esta obra de *arqueografía* y de los valiosos testimonios recogidos en las entrevistas con las personalidades, testigo de primer orden que vivió esa época

Algunas Estadísticas.

Según la *Enciclopedia Británica, en 1958* el régimen de Seguridad Social de Cuba que establece la Constitución de 1940, era de los más avanzados del mundo.

En 1958 Cuba se encontraba en una etapa de despegue. La *O.I.T. (Organización Internacional del Trabajo)*, reconocía en el año *1958*, que en Cuba existía la legislación social más avanzada de América Latina.

La *Misión Económica y Técnica del Fondo Monetario Internacional*, consignó en su *Informe de 1957*: "La impresión general de los miembros de la Misión, en vista de la observaciones y viajes realizados a través de Cuba, es que los niveles de vida de los campesinos, trabajadores agrícolas, obreros industriales, dueños de tiendas y demás, son más altos en líneas generales, que los niveles de los grupos humanos semejantes de otros países tropicales y de casi todos los demás países latinoamericanos. Esto no significa que no haya pobreza en Cuba, si no, simplemente que en comparación, los cubanos están en mejor situación, por término medio que los pueblos de otras áreas."

El *Departamento de Comercio de los Estados Unidos* en un Informe sobre Cuba en el año 1956, llegó a esta conclusión: "Las rentas nacionales de Cuba han llegado a niveles que dan a su pueblo uno de los más altos "standares" de vida en Latinoamérica."

Según datos del *Ministerio del Trabajo en 1958*, Cuba contaba con una fuerza laboral de 2.204.000 trabajadores. La tasa de desempleo en esa fecha era de 7.07, la más baja de América Latina.

En el *Foreign Agriculture Economics –Boletin del Ministerio de Agricultura de Estados Unidos- 1962*, quedó consignado "En 1958, Cuba era el mayor exportador, en una base "per cápita", de productos agrícolas en Latinoamérica y el segundo mayor importador. Los alimentos producidos localmente y los importados hacían del pueblo cubano uno de los mejores alimentados de América. (Cuba era el primer consumidor de pescado fresco en el continente, Estados Unidos el segundo. Como productor de carnes, era el tercero y el cuarto en su consumo).

Desde los finales de los 40's hasta 1958, el valor del peso cubano estaba parejo con el dólar.

La Cuba Que Vive En El Recuerdo.

La Cuba que vive en el recuerdo de los exiliados desde hace mas de 50 años, no es el producto de un exagerado patriotismo ni de un proceso de sublimación mental. Sin embargo, para millones de cubanos de hasta 50 años de edad que residen en la Isla, mal pueden recordar el avanzadísimo grado de desarrollo económico, social y cultural alcanzado por la Perla de Las Antillas.

Y la verdad es que cuesta trabajo creer lo que se ha dicho durante todos estos años, si lo que vemos de la Cuba actual, son como ruinas mayas que habría que desenterrar para conocer su pasado.

Pero así como la generación de cubanos de entre 40 y 50 años, no ha podido conocer la Cuba que fue, por carecer del adecuado marco de referencia física y vivencial, también en el resto de latinoamérica-donde muchos de sus dirigentes están comprendidos en las mismas edades-,les cuesta mucho creer lo que en este exilio largo y penoso se ha venido proclamando. De ahí, ese silencio cómplice del cual a veces nos quejamos los cubanos.

Un proverbio oriental dice, que una imagen vale más que mil palabras y afortunadamente es con imágenes de aquella Cuba real que hoy podemos demostrar lo que fue nuestro país. Imágenes tomadas de diferentes publicaciones cubanas de la época, pero no solo a través del testimonio gráfico que puede mostrar una fotografía, si no, de los anuncios publicitarios que aparecían en los periódicos y revistas de los muchos que se publicaban a diario, porque no hay mejor indicador del desarrollo de una sociedad que su comercio.

En esos anuncios revivimos las ofertas, las ventas especiales, los últimos modelos llegados de New York o Paris, que ofrecía El Encanto, los uniformes de Ultra en Reina y Galiano o los famosos trajes "*anatómicos y fotométricos*" de la Sastrería El Sol en la Manzana de Gómez, la cual se adelantó al concepto de Mall en más de 60 años.

Este material ha sido recopilado ardua y pacientemente en una labor de alta dedicación y patriotismo con la Cuba de todos nosotros y sobre todo, con los que han quedado atrás, con los que han crecido privados de la verdad histórica, privados de un rico pasado en el que nuestro país figuraba entre los primeros de este hemisferio.

"A las abuelas y abuelos que en forma definitiva
contribuyeron a mantener la identidad
en nuestros hijos".

Paseo del Prado

Cuba no era un Espejismo, Cuba Existió.

Este libro tiene la intención de llevar de la mano del recuerdo, a todos aquellos cubanos que vivieron el vibrante desarrollo alcanzado en la Isla, con sus virtudes y defectos.

Tiene la intención también de demostrar a los que no son cubanos, que Cuba no era un país subdesarrollado, que los cubanos sí somos exagerados, sí somos apasionados, pero cuando hablamos de Cuba estamos hablando de un país que existió, que con sólo 58 años de República se preparaba para emprender el vuelo que la llevaría, a la cumbre de la prosperidad.

Este libro tiene el objetivo también, de mostrar lo que era nuestra Patria, a los niños y jóvenes que salieron al exilio, muchos de ellos sin sus padres, a los niños y jóvenes a quienes se les arrebató el derecho a crecer y a jugar en su tierra natal y hoy, andan por el mundo imaginando como es una flor, a que huele el verde monte o como canta un sinsonte.

A los niños y jóvenes a quienes se les ha negado la posibilidad de conocer la luz y se mueven entre sombras, tropezando con un mundo que no entienden.

A los niños y jóvenes que un dia tuvieron que caminar por las aguas imaginando puentes y no pudiendo concluir el viaje, hoy andan vagando como ángeles de las corrientes.

Y de manera muy especial a mi hija, que acababa de cumplir 6 años, cuando la vi levantar sus manos pequeñísimas para decir adiós a sus abuelos y tíos, en el Aeropuerto Internacional de Rancho Boyeros en La Habana.

No puedo dejar de mencionar aquellos niños, que aunque nacieron fuera de Cuba, cuando se les pregunta ¿de dónde eres? contestan, "yo soy cubano...de Australia, yo soy cubano de Suecia, de España, de Nueva York, de New Jersey, cubano de Puerto Rico, cubano de Venezuela. Soy cubano de Miami y con una amplia sonrisa y un orgullo muy profundo, terminan diciendo... ¡Yo soy cubano del mundo!

Para ella, para ellos, para todos, La Habana Esplendorosa.

Calle Obispo.

La Calle Obispo era de una sola vía larga, estrecha y con amplias aceras, boutiques y tiendas en general, con bellísimas vidrieras una al lado de la otra por ambos lados de la calle, era interminable. Muchos padres de familia salían con sus hijos a pasear por las tardes y noches recreándose con todo lo que exhibían en todas y cada una de ellas.
Vamos a comenzar el recorrido a partir de El Centro Asturiano, en los bajos, en sus portales había muchos comercios como *Caribbean Photo Co.* almacenistas importadores de efectos fotográficos y cinematográficos en general, *Cuba Electric*, El *Banco Pujol* y muchos más.
Cruzando la calle estaba La *Florida -el Floridita Restaurant-Bar-* , Monserrate y Obispo, famoso por su daiquirí, pero también por su langosta, camarones, pescado a la plancha y su exquisito pollo asado deshuesado,
Muy cerca en Monserrate # 355, estaba el *Restaurant-Bar La Zaragozana,* fundada en 1830 con su especialidad en mariscos y *El Castillo de Farnés* con los sandwiches más espectaculares de La Habana, en Monserrate y Obrapía. En la calle Bernaza había muchas perfumerías, sederías y quincallas, almacenes de tejidos, paños y la conocida *Casa de los Trucos.*
En Obispo y Bernaza teníamos la *Casa Vassallo,* artículos deportivos y para el hogar y la librería *Editorial Minerva* que contaba con un amplio surtido de Tests Pedagógicos y libros de texto.
La Rusquella, confecciones masculinas, corbatas, etc.Obispo 528. *Cultural, S.A La Moderna Poesía*, Obispo 525, efectos de escritorio, publicaciones, papelería, libros, tipografía, litografía, imprenta, etc

La *Cía. Cubana de Fonógrafos S.A.* "Stromberg", Obispo 524, distribuidores exclusivos para Cuba de aire acondicionado y televisores RCA Víctor.
Mueblería Cernuda, Obispo 517 y 519.
La Venecia, de Ricardo del Campo, librería y filatelia, compra y venta de sellos, Obispo 518.
Optica El Anteojo, Obispo 510-512, armaduras especialmente para la mujer.
Valentin García y Cía, librería, papelería, efectos de escritorio.
Humara y Cía. almacenes importadores de loza, cristalería y ferretería, vajillas Pyrex resistentes al fuego, Aguacate 510-516.
Clubman y *Lafayette* artículos para caballeros, Obispo 514 y Lafayette también en Prado 575. *Joyería La Casa Campignon,* Obispo 509. *Casa Collado*, peluquería, souvenirs, regalos y perfumes, Obispo 508.
Madame Gil, otra peluquería en Obispo entre Bernaza y Villegas.
*Billetería Cubana, Foto Studio Lorens y La Moda Disco*s, en Obispo 505 entre Bernaza y Villegas.
La *Optica Servi'Lente* en Obispo 501 esquina a Villegas.
En el mismo 501 de Obispo y Villegas, el *Bar Billiken,* lunch, vinos, refrescos.
Frente al *Billiken* estaba la sastrería *Humada* que vendía trajes a plazos.

En Villegas 256 estaba la tintorería Alaska así como almacenes y tiendas de sombreros, pieles, cueros, tejidos y paños.
También quincallas y sederías.
En la esquina de Obispo y Villegas estaba la *Billetería Casa Menéndez*, "la esquina de la suerte" y frente a ella estaba *Lucky Seventh Sports*, efectos deportivos.

Calle Obispo

En Obispo 464 entre Villegas y Aguacate estaba *L. Godoy y Co.* equipos automáticos que recibían y contestaban las llamadas además del sistema "Hands Free" y victrolas automáticas de todas las marcas. Cosío Leblanc y Co. Sombreros, Villegas 257. Sastrería y Camisería *Stein*, en Obispo 463. *La Villa de París,* Obispo 462, eran importadores y representantes de perfumes. La *Peluquería Dubic.*

La *Editorial Lex,* otra librería, Obispo 461. *El Bosque de Bologna,* bisutería fina, antigüedades, abanicos, mantillas, objetos de arte y regalos, Obispo 460.

P. Ruíz y Hermanos, papelería y efectos de escritorio en Obispo 459 entre Aguacate y Villegas.

La Compañía *National Cash Register of Cuba S.A.,* Obispo 457, máquinas registradoras y de contabilidad, nuevas y con garantía. *La Purísima,* Obispo 455, efectos religiosos. Había una relojería, *Jesús López,* en Obispo 453. La Francia 452, confecciones masculinas Obispo y Aguacate. *Peletería El Paseo*, Obispo 451. *Sombreros La Habana.* Obispo 415.

El Caney, una bodeguita de españoles muy bien surtida que vendía un jamón excepcional y siempre había mucho olor a café tostado, Aguacate casi esquina a Obispo.

En O'Reilly y Aguacate estaba *La Metropolitana*, era como una ciudad comercial dentro de un enorme edificio, había Bancos, Correos, Compañías de Seguro, lo que usted necesitara.

La Casa de Hierro Obispo 414 y Compostela , porcelanas finas, objetos de arte, artículos para regalos, etc. *La Casa Langwith,* Obispo 410 con una sucursal en La Terminal de Omnibus.

Vendía peces y alimentos para peces , medicinas, productos y alimentos para perros, accessorios para jaulas y para jardín en general y semillas de flores. La *Editorial*

González Porto, Obispo 409. *La Dichosa* , billetería, "record nacional de grandes premios" Obispo esquina a Compostela. *Les Palais Royal*, joyería, objetos de arte, perfumes, artículos de regalo, en Obispo y Compostela. Había una sombrerería de caballeros por allí también, no recuerdo el nombre. *La Sección X*, Obispo 407, entre Aguacate y Compostela, una juguetería grandiosa, con los famosos trenes eléctricos American Flyer .Tenía un muñeco en la vidriera que en cuanto alguien se paraba a verla, guiñaba un ojo y movía el zapato dando golpecitos en el cristal .

Estaba el *F.W. Woolworth o Ten Cent* de Obispo, tan maravilloso como los demás, Obispo y Habana. El Novator, sombreros para caballeros, Obispo 365.

La *Optica El Almendares* 364, con una sucursal en O´Reilly y otra en San Miguel. *Peletería Uncle Sam* de Obispo 363.

El *Banco de la Construcción* en el 361. La *Casa González*, productos General Electric, Obispo 359 y la *Billetería El Globo.*

Uniformes Trianón, sastrería, Obispo 358. *W.M. Anderson Trading. Co. S.A*. ingenieros importadores, maquinarias en general, Obispo 355.

The Western Union Telegraph Co. cables por teléfono y servicio de mensajeros Obispo 351.

Alabama Photo Studios, carnets plásticos, Obispo 314.

Billetería La Estrella de Oro, Obispo 313. Inversiones *F. H. A. S.A.* Obispo 310. *El Gato Negro Billetes*, Obispo 307. *The American International Life Insurance Company*, Obispo 306 entre Aguiar y Habana. *Billetería Casa Puente*, Obispo 304.

La *Casa Potin,* Obispo 303 . El *Café Europa* en el 303 de Obispo y Aguiar. Restaurant-Bar *La LLuvia de Oro* en Obispo y Habana. *The Trust Company of Cuba,* Obispo 257,

oficina principal y 24
sucursales en toda la Isla. *El Banco de Fomento Comercial* 252.
Droguería Johnson en Obispo y Aguiar.
La firma *Galbán Lobo Company Importing and Exporting Association* en Obispo 202.

También en el 202 estaba el *Restaurant París*. El *Banco Agrícola Industrial* Obispo176.
Illan´s, agencia autorizada *General Electric,* radios, refrigeradores, televisores, etc.

En Obispo y Aguiar estaba la Oficina Comercial de la *Cuban Telephone Company*. En Obispo y Oficios la *Compañia J.Z. Horter* distribuidores exclusivos de televisores Admiral. *La Casa Ricalt*, S.A. en Obispo 156 , importadores de champagnes, víveres finos, licores y vinos, representantes exclusivos de Dubonnet.
La *Farmacia y Droguería Taquechel* , Obispo 155, con su Violeta extra fina Taquechel. *Hotel Ambos Mundos,* Obispo 153 donde se hospedaba Ernest Hemingway y donde escribió algunas de sus memorables novelas, 100 habitaciones y 100 baños.

La Casa Mitrani, Obispo 107, sedería y quincalla. *La Billetería La República*, Obispo 103.
Havana Car Ferry Operating Co. Inc. estas eran las oficinas del *Super Ferry City of Havana,* Edificio Horter, Obispo 61, que daba viajes Havana-Key West y que le permitía viajar con su auto o comprar uno en Los Estados Unidos y llevarlo a La Habana.

RESTAURANT PARIS - COLONIAL PATIO

Restaurant París. Obispo # 202. La Habana Vieja.

Calle Obispo entre Bernaza y Monserrate

Monserrate, Obispo, Bernaza y O'Reilly.

Plaza Francisco de Albear

Estatua del ingeniero Francisco de Albear, diseñador del Acueducto de La Habana, llamado en aquel entonces, Zanja Real, que se extendía desde La Chorrera hasta la Plaza de La Catedral. Fue inaugurado en 1893. Este proyecto fue premiado en la <u>Centennial International Exhibition</u> de Filadelfia y en <u>Éxposition Universelle</u> of <u>Paris</u> donde obtuvo Medalla de Oro, considerado como una obra maestra de la ingeniería universal del siglo IX.

Centro Asturiano de La Habana. Inaugurado el 20 de noviembre de 1927. Arquitecto Manuel del Busto. (Asturiano).

Centro Gallego de La Habana. Inaugurado en 1915. Arquitecto Paul Beleu. (Belga).

Capitolio Nacional, inaugurado en 1929. Arquitectos, Govantes y Cavarrocas.

Una esquina habanera, estanquillo de venta de periódicos, revistas y billetes de lotería.

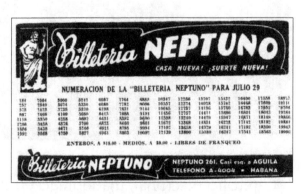

22

Parque Central de la Habana

La estatua de José Martí situada en el Parque Central de La Habana, fue la primera erigida a él en Cuba por suscripción popular. Es obra del escultor cubano José Vilalta de Saavedra y fue inaugurada el 24 de febrero de 1905.

Calle San Rafael hacia Prado. La Habana.

Calle San Rafael

La Calle San Rafael era una calle muy concurrida por sus joyerías y boutiques. En la esquina de San Rafael y Prado, frente al Parque Central, estaban el *Centro Gallego,* el *Cabaret Nacional* y el *Hotel Inglaterra.* *J.Mieres y Cía*, sastres-camiseros en San Rafael y Prado. *El Patio,* perfumes y novedades en San Rafael 58. *El Cinecito,* 400 butacas, San Rafael 68, películas y muñequitos o cartones de Walt Disney. *Joyería Gastón Bared*, San Rafael 102 esquina a Consulado. *Universal Music & Company, S.A. Co.* San Rafael 104 esquina a Consulado, pianos , 30 modelos diferentes y todos los productos RCA Víctor. Sastrería *Brummel*, San Rafael 106. *La Esmeralda,* San Rafael 105-107, entre Consulado e Industria, joyería y vajillas "Rosenthal". *Joyería Casa Rotary* en San Rafael y Consulado. *Peletería Ingelmo*, "una obra maestra en cada par" en San

Exclusivos modelos de hilo

Gran Salón - Tercer Piso *El Encanto*
IDEALES PARA NUESTRO VERANO

Rafael y Consulado. Por la calle Consulado en el 221 estaba *La Piccola Italia*, pizzeria-ristorante-cafetteria. Y en el 312 , el *Restaurant Pullman*. En San José esquina a Consulado

óvalos...
óvalos...
óvalos...

El Encanto

¡Ovalos y más óvalos! Clásicos óvalitos en los nuevos vestidos del Salón Joven:

1 ... de algodón con óvalos (o rayas de lirio) en blanco y negro. Tallas 10 a la 16, 11.95

2 ... de cumaro con óvalos en prusa, verde, azul o negro. Tallas 14 a la 20, 11.95

3 ... de algodón con óvalos en blanco, negro, azul, turquesa y mostaza. Tallas 12 a la 18, 11.95

Tercer Piso

estaba *El Palacio de Cristal*, fino Restaurant francés. En Consulado 302 el *Cine Alkázar 1,700 butacas*. Por la calle Industria en el 402, La *Joyería El Gallo,* joyas confeccionadas en sus propios talleres. El *Hotel Belmont* en Industria 403 llegando a San Rafael. El *Tony's Club,* Industria 410, el Cine Capri ,450 butacas, Industria 414. La *Perfumería Sortilege de Le Galion*, Industria 456. *Benedit Novias*, en Industria. *Peletería Lido*, en Industria y San José frente al *Cine -Teatro Campoamor* que dicho sea de paso, tenía 1,082 butacas.

Seguimos por San Rafael.

La exclusiva tienda para caballeros
J. Vallés en San Rafael 110 e Industria. La *Joyería Iglesias* en San Rafael esq. a Industria.

La *Compañía Cubana Radio Philco*, discos Columbia, distribuidores exclusivos para Cuba, San Rafael 111. *Peletería Uncle San,* San Rafael 113.

El Hotel Royal Palm, San Rafael 124 e Industria. En San Rafael 155 estaba *Giralt* "medio siglo vendiendo lo mejor" radios y radiofonógrafos Philips de Holanda. *Joyería Barquet,* San Rafael 157, entre Industria y Amistad. *Peletería La Granada,* San Rafael 158, lo más nuevo para esta temporada. La *Joyería Francesa,* San Rafael 162, frente a Sánchez Mola. La lujosa *Joyería Sancy* en toda la esquina de San Rafael y Amistad con los extraordinarios relojes Omega. *London City*, confecciones para caballeros, San Rafael 164.

En San Rafael entre Industria y Amistad, estaban los cines *Duplex y Rex Cinema*, que se adelantó al concepto de cine múltiple en muchos años. Los dos comenzaban a las once de la mañana. Exhibían documentales sobre viajes, modas, ciencia, deportes, musicales. Seis noticiarios americanos y europeos con las últimas noticias de todo el mundo y en el *Duplex* pasaban además, películas de largo metraje y permanecían abiertos hasta las once y media de la noche.

The Fair, San Rafael 203 y en Monte 205, trajes de sastre, vestidos de noche, sweaters, pieles.

La Corona Joyería, en San Rafael 207, entre Aguila y Amistad.
Sánchez Mola , otra tienda por departamentos, su lema "una tienda mejor" vestidos estilo camiseros y escotados con boleros, carteras de raffia italiana.San Rafael 208 esq. a Amistad

El Hotel Bristol en San Rafael y Amistad, amplias habitaciones con teléfono, agua fria y caliente, baños de lujo y elevador a toda hora. *Optica El Telescopio,* San Rafael 210.

Sastrería Oscar, San Rafael 213 entre Aguila y Amistad. En Amistad 316 estaba el Restaurant Red Coach. *La Reguladora,* otro restaurant, en Amistad entre Barcelona y Dragones. La conocida juguetería *Marte y Belona* en Amistad casi esquina a Estrella.

Telecontesta S.A en Amistad 420, servicio secretarial telefónico automático durante las 24 horas.

La *Peletería El Paraíso*, San Rafael y Aguila, los más finos zapatos y carteras de noche. La famosa *Joyería Cuervo y Sobrinos* en San Rafael 215, con los exclusivos relojes Longines.

Ok Florit, calzado, San Rafael 254 entre Galiano y Aguila. *Peletería Bazar Francés* en San

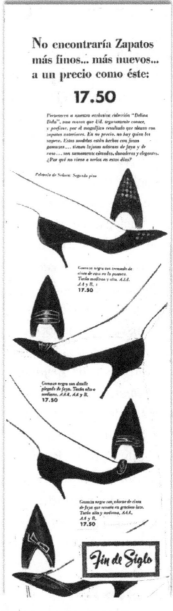

Rafael 255 entre Aguila y Galiano. *La Moda Discos*, frente a El *Encanto. La Casa Lynx* Modas, San Rafael 256.

Ellas Modas, en San Rafael 257, vestidos, blusas, lencería, carteras de piel de cocodrilo.

Joyería Chantilli San Rafael 257, plata Sterling y porcelanas de Sevres. Instituto de belleza*"Vichy"*, baños para adelgazar, jalea real en crema, San Rafael 259 (altos) entre Aguila y Galiano.

Duffeld, modas femeninas*,* en San Rafael 259, entre Galiano y Aguila, tres pisos y 15 departamentos. *La Moda* Joyería, San Rafael 261 casi esquina a Galiano.

Fin de Siglo, una de las grandes tiendas por departamentos, cinco plantas, con entradas por San Rafael, Aguila y San José donde estaba el Departamento de Expedición con una flotilla de camiones y un servicio de entrega a domicilio. Tenía otra entrada por Galiano donde se encontraba el Departamento de Caballeros.

En el 262 de San Rafael y Aguila, estaba la tienda *Indochina (Asia)*, perfumería, artículos de regalo, abanicos, pañuelos, carteras. Joyería *Vanity*, San Rafael 263. Kaberaf *Modas,* San Rafael 313. *La Parisién*, muebles finos de mimbre, San Rafael 356-358.

Por la calle Aguila teníamos la peletería *Casa Fraga* en el 759. *La Francesa*, panadería, dulcería y fuente de soda en el 619**.** En Aguila y Barcelona estaba el concurrido *Restaurant-Bar Toledo. La Colchonería Rex,* ropa de cama, arreglos de colchones, mantelería, Aguila entre San José y Barcelona, *Klen Modas* en Aguila y San José, el estudio fotográfico *Armand,* en San José entre Galiano y Aguila. En Aguila frente a Fin de Siglo estaba la peluquería *Ellas. La Casa de las Medias,* medias de señoras, Aguila 359. *Augusto Studio Foto,* Aguila casi esquina a San Rafael.

En Aguila 561 entre Barcelona y Dragones, había una florería, *Dior's Flores*, abierta 24 horas .

La tienda *Lydia* con la muñeca española *Mariquita Pérez* y un ajuar para vestirla, Aguila 462 casi esquina a San José.

Florence Modas, Aguila 457 entre San Rafael y San José, vestidos de hilo bordados a mano, lencería y los más finos perfumes de Cuba y de París. La *Casa Suárez*, batas de casa, ropa interior de señoras en Aguila y San Miguel. La *Peletería Coronet*, Aguila entre Neptuno y San Miguel.

Almacenes Inclán, Aguila 363, artículos para la mujer con sucursales en Reina 55, Belascoaín 256 y en Neptuno y Manrique, también en Santiago de Cuba y Camagüey.

Los Jimaguas, ropa y calzado de niños en Aguila 703 casi esquina a estrella. *La Canastilla,* canastillas completas y confecciones para niños, Aguila 711. *La Infancia*, en San Rafael y San Nicolás, ropa fina para niños. *Conchita Espinosa Decoración Interior,* San Rafael entre Galiano y San Nicolás

Almacenes Cadavid, ropa variada de la más alta calidad, San Rafael entre Rayos y San Nicolás.

La Meca del Disco "Goris Shop" San Rafael 557 casi esquina a Escobar.

En San Rafael 704 esquina a Lucena estaba *Discos Kubaney S.A.* con un extenso

Catálogo. *House Beautiful*, muebles finos, colchones, sofá -camas importados, en San Rafael y San Nicolás. Otras mueblerías eran, *La Epoca,* San Rafael 617, *La Elegante,* San Rafael 710.

La *Selecta*, muebles de mimbre, San Rafael 712, *La Predilecta*, San Rafael 803-807.

Aspasia, el mejor sofá-cama, San Rafael 859.

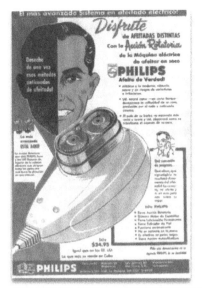

Su máquina de afeitar
eléctrica favorita…

Patou
El Perfume que ella
prefiere.

Los populares
shampoos Drene y
Tricófero de Barry.

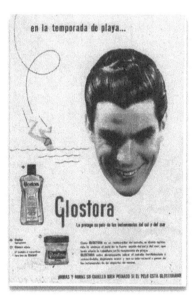

Sus cabellos
brillan más con
brillantina
Glostora.

Neolor y Sudoral
desodorantes sin igual.

Talcos y Jabones

que Perfuman y Refrescan.

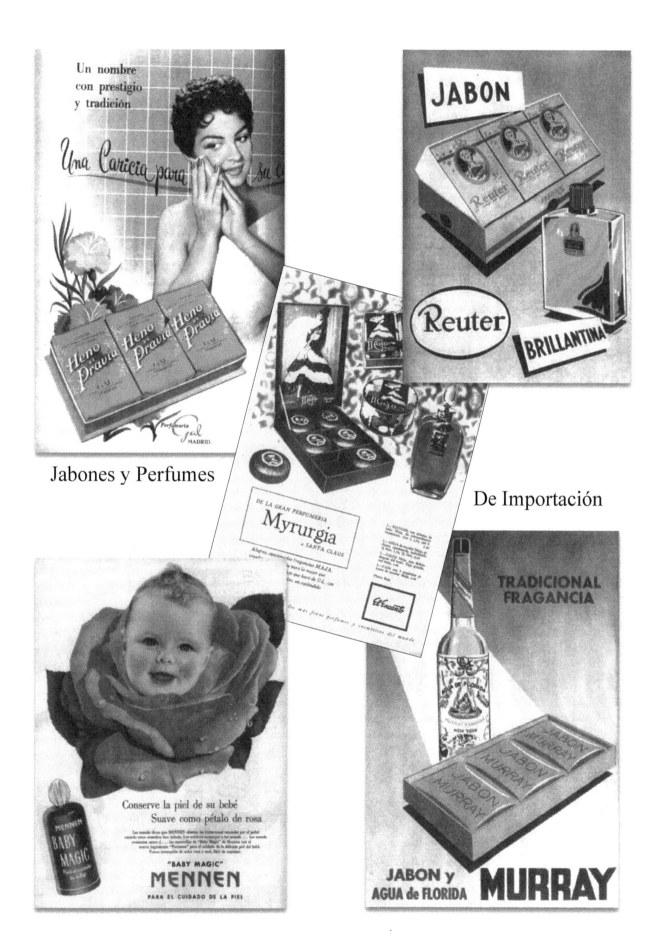

Jabones y Perfumes

De Importación

Perfumes de Importación. Distribuidos en Cuba en los 50's.

50's

San Rafael y Aguila

A finales del año 1897, abrió sus puertas el "Bazar Fin de Siglo," conocida después como Fin de Siglo, una tienda por departamentos con cinco pisos y un servicio esmerado al cliente. Fue la primera de las grandes tiendas en instalar aire acondicionado, la primera en extender facilidades de crédito hasta a las personas de modestos recursos y la primera en instalar sistemas electrónicos y mecánicos en su contabilidad.

Quincena Nupcial

UNA GRAN EXHIBICION de las muchas cosas lindas que Fin de Siglo tiene para las Novias..
UNA PRUEBA CONVINCENTE de que aún los artículos más elegantes y finos
se adquieren en Fin de Siglo sin hacer un gran desembolso

Ese lindo sueño se convertirá en realidad...

*Radiante y hermosa, emocionada y feliz,
usted irá hacia el altar despertando la
admiración de todas sus amigas si ha tenido
el acierto de confiar a nuestro Salón de
Alta Costura sus galas nupciales.*

*Desde el momento en que visite nuestro
segundo piso, tendrá a su disposición todo
el valiosísimo e insuperable caudal de
experiencia que representan años y años
vistiendo y habilitando a las más lindas Novias
de Cuba... interpretando y complaciendo
sus gustos y preferencias, dentro de los cánones
de la moda que impera en cada temporada.*

*Con sumo placer le suministraremos,
crearemos, ideas o croquis que plasmen en
realidad su lindo sueño nupcial.*

*Venga confiada en que el presupuesto
disponible no será un obstáculo en Fin de
Siglo. Ya sea pequeño, mediano o grande,
usted quedará complacida en sus deseos
y le confeccionaremos el modelo romántico,
tradicional o moderno que elija... aquel
que la convertirá en una de las Novias
más celebradas del año.*

*El vestido nupcial que diseñamos, interpretado
en suntuosa faya, con la pechera de encaje
rebordado en perlas, sólo le cuesta $250,
incluído refajo y sayuela y probado las veces
necesarias. Otros modelos, desde $175*

Salón de Alta Costura: Segundo piso

Fin de Siglo

4.—PIJAMA corto, de nylon 100%, incluso su fino encajito. Blanco, rosa, azul, coral o fushia. Tallas 32-36. 18.95

5.—REFAJO de multifilamento, con bordados al pasado y encajes Valenciennes. Blanco, rosa, salmón o negro. Tallas 34-44, 5.95

6.—ZAPATILLAS de piel, exquisitamente adornada con perlas y brillantes. Rosa, azul, blanco. Tacón de plataforma. Tamaños 4½-8, 13.50

7.—ZAPATILLAS de falla, a listas blancas o negras, con adorno de guindas. Tamaños 4½-9, 11.95

8.—ZAPATILLAS de nylon rosa, rojo, azul o negro. Tamaños 4-9, 4.95

9.—MAÑANITA de multifilamento, con encajitos Valenciennes y bordados al pasado. Blanca, salmón o azul. Tallas 34-42, 5.95

Tercer Piso

Para ese Ajuar de Boda, la más fina Lencería.

Arriba, derecha: Brassiere de dacron bordado con detalle de satín en la copa y de linea muy baja atrás, en tejido "elásticotex" para que no ruede. Blanco o negro. Tallas B-32/38 y C-34/38. 13.25

Izquierda: Corselete "strapless" de elástico "Leno" y paneles "dacron". Cojun de encaje con base especial para sostener el busto. Abrocha al frente. En blanco y negro. Del 32 al 38. 26.95

Brassiere largo "strapless" en "dacron" bordado con soportes de espuma de goma y espalda muy baja en tejido "crin-crin" para que no ruede. Abrocha al frente. Tallas A-32/36 y B-32/38. 12.95

fin de siglo
marca nuevas pautas en la moda

En ese fino Ajuar con que toda Novia sueña...

HAY SIEMPRE PRIMOROSA LENCERIA DE NUESTRAS COLECCIONES

Incluyen éstas tantos, tan lindos y variados modelos, adornados con exquisito buen gusto, que la selección se facilita aún dentro del más módico presupuesto. Y lo mismo diseñamos y confeccionamos juegos íntimos a todo lujo, que ofrecemos, a muy razonables precios, lencería tan linda que parecerá haber costado el doble. Dénos la oportunidad de mostrársela.

CAMISAS de vaporoso nylon tricot blanco, rosa, azul, coral o moda, con pliegues en el talle y bordados de seda en el busto. Pequeña, mediana y grande. 14.95

JUEGO de Camisa y Negligée en finísimo tricot de nylon blanco, rosa o azul. Busto, escote y bordes adornados con galón bordado y cinta de nylon. Del 36 al 38; el juego, 40.95

SAYUELA de fino tricot de nylon blanco, azul o rosa, con amplio vuelo plisado de nylon y encaje. Pequeña, mediana y grande. 5.45

MAÑANITA de vaporoso chiffon-seda de nylon blanco, rosa o azul, adornada con encajes, cinturón de nylon, y bordados. Del 36 al 40. 12.95

Fin de Siglo

JOYERIA **Gastón Bared**

SAN RAFAEL 102 HABANA TELF.: A-4334

Joyas MODERNAS

Preciso Clip en Platino y Brillantes

Acabamos de recibir una nueva colección de joyas en modernas y variados estilos.

Cuervo y Sobrinos

LOS JOYEROS DE CONFIANZA
SAN RAFAEL Y AGUILA

2-46

Discreción y
Elegancia...

...Características sobresalientes de nuestras joyas, creadas para realzar la personalidad y belleza de toda mujer elegante.

Cuervo y Sobrinos

Los Joyeros de Confianza
San Rafael y Aguila - La Habana.

Sortijas

OFRECEMOS UNA COLECCION INCOMPARABLE DE SORTIJAS Y SORTIJONES.
MODELOS MODERNOS Y DE CONCEPCION CLASICA, EN PIEDRAS PRECIOSAS
DE TALLA INMACULADA.

La Casa Quintana
La Casa de los Regalos
GALIANO 358 · HABANA

Para una ocasión única... diseños de exclusivo buen gusto, realizados en brillantes marquises y baguettes.

Joyería Riviera
Galiano 456

Miembros de la Asociación de
Joyeros de Cuba

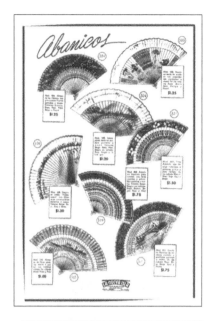

Irresistible hermosura

en forma de perlas
y brillantes, para añadir á su
colección personal de joyas.

LE TRIANON
Salvador Fondón y Cía., Ltda.
GALIANO 405, LA HABANA

Creando joyas por más de un cuarto de siglo.

LE TRIANON
JOYERIA Y OBJETOS DE ARTE
Salvador Fondón y Cía. Ltda.
AVE. DE ITALIA 405, LA HABANA
TRES PISOS ★ AIRE ACONDICIONADO ★ HAY ELEVADOR
1926 ● BODAS DE PLATA ● 1951

Joyería Le Trianon

2006

Galiano 405 casi esq. a San Rafael.

Calle Galiano

En la Calle Galiano había comercios de todo tipo, peleterías, joyerías, bancos. Estaba *El Waterloo*, artículos para caballeros y jóvenes con el lema *"el Waterloo* triunfa porque no engaña" en Galiano frente a la Plaza del Vapor con sucursales en Neptuno entre San Nicolás y Manrique, en Prado frente al Capitolio y en Monte en Cuatro Caminos.

La inmensa sastrería y camisería *Albión*, Galiano y Dragones y en Dragones 162, estaba *Ismael Taylor,* una sastrería con el corte perfecto, también la *Compañía de Teléfonos*, el *Hotel New York* y *La Casa Puig*, "el Rey de las Guayaberas". *Locería Vidriera La Vajilla*, vidrios planos para ventanas, techos, espejos, Galiano y Zanja.

Peletería *La Reina*, Galiano 574. *El First National Bank of Boston*, Galiano 568. *La Borla*, para caballeros, Galiano 562, con telas inglesas "Clubman".

El Palacio de las Corbatas, Galiano 556. *Casa Martino*, billetes de lotería, Galiano 555. *Atelier,* trajes de todas las tallas, artículos de caballeros, Galiano 514 esq. a Dragones.

El Bombero, Galiano 508, panadería y dulcería. *El Arte S.A.,* Galiano 506, artículos de pintura y dibujo, servicios fotográficos y regalos. *La Ciudad de Londres,* sastrería, trajes "Paramount", Galiano 504. El Restaurant *La Estrella Oriental,* Galiano 503 entre Barcelona y Zanja, especialidad en arroz con pollo.

Cuchillería Galiano, Galiano 501 esq. a Barcelona. La locería *La República* en Galiano 470, frente a Barcelona. La fábrica de tabacos *Fonseca*, Galiano 466. *Peletería California*, Galiano 465 entre San José y Barcelona. *Joyería El Cairo,* Galiano 464, conocida como "el templo de los enamorados", anillos de compromiso. *Val-Mar*, una tienda para toda la familia, Galiano 463 entre San José y Barcelona.

Seguimos. La gran tienda por departamentos *Fin de Siglo*, tenía una entrada por Galiano también donde se encontraba el departamento de Caballeros.

The First National City Bank of New York, Galiano 461. Peletería *La Venecia*, Galiano 459. El supermercado *El Oso Blanco,* artículos garantizados, Galiano 457 entre San José y Barcelona. La *Joyería Riviera,* Galiano 456, con el reloj-joya Piaget. La *Colchonería Konfort* era fábrica de colchones y muebles para niños, en Galiano y Barcelona con sucursales en Neptuno y San Nicolás y en Monte.

En la misma esquina de Galiano y San Rafael, *Florsheim Shoes* con lo último en calzado masculino. Y a su lado por Galiano estaba *La Estrella,* finas vajillas de porcelana europea, objetos de regalos, discos, cristalería y plata. *Flogar*, en Galiano y San Rafael con unas novedosas vidrieras en el segundo piso también. Donde hoy está *Flogar* antiguamente estuvo el *Café La Isla*, muy concurrido en su tiempo.

El *F. W. Woolworth Co. o Ten Cent*, era una cadena. Once en toda la isla, en La Habana había varios, en Galiano y San Rafael, en Monte, en 23 y 10 Vedado, en la calle Obispo de La Habana Vieja, en la Calzada de 10 de Octubre y en La Copa, Miramar, infinidad de productos se vendían en esas tiendas y a precios irrisorios. Allí en los portales del *Ten Cent* siempre había alguna canasta llena de gardenias que usted podía comprar por cinco centavos.

Al lado del *Ten Cent* por San Rafael se encontraba *El Norte* que vendía los productos Simmons, living-rooms, colchones, camas para clinicas, almohadas de Dacron.

Seguimos con el *Ten Cent,* llegada la hora de la merienda o del almuerzo, esa Fuente de Soda era una experiencia sin igual, las muchachas perfectamente vestidas con sus uniformes impecables, bien maquilladas y peinadas y con las manos arregladas, parecían modelos y la gentileza y educación con que trataban al cliente. Un servicio de primera y los olores que invadían el espacio, una variedad de platos, ensaladas, postres, meriendas de todo tipo, batidos, jugos, esa ensalada de pollo, de papas, bocaditos y hasta ¡pizza!

Pero si usted no estaba buscando almorzar exactamente, había una cafetería muy chiquita en Aguila 502 y San José que se llamaba *La Matancera,* muy cerquita de *Fin de Siglo*, ahí hacían unas galleticas preparadas con jamón, queso y pepinito por 10 centavos que le cargaba la batería para seguir andando. También por los portales de Galiano en muchos lugares podía tomar ostiones con limón y ketchup o como más le gustara. Donde quiera encontraba un café de tres centavos o un café con leche. Había muchos lugares donde se podía comer una frita y eso era un "tente en pie" que le permitía llegar sano y salvo a su casa. ¿Y qué me dice de un guarapo con hielo frappé? también lo tenía al alcance de su mano.

¿Y los puestos de frutas de los chinos?.En cualquier esquina se podía tomar un batido o comerse una fruta y seguir andando. El olor a platanitos manzanos y a frutas frescas, ¿se acuerdan del anón, del mamey colorado, de la inmensa variedad de mangos cubanos dulces y jugosos, de las manzanas, peras y uvas que importaban de los Estados Unidos en las Navidades y Año Nuevo? ¿Y los helados? ¿Y las frituras?

Y eso, para no hablar de la cantidad de kioscos donde vendían pan con bisté empanizado con papitas a la juliana ¿se acuerdan? esas papitas finitas, tostaditas y todo eso por 15 centavos, se lo freían ahi delante de usted y se lo entregaban calientico y ¿quién se resistía? ¿Qué ahora serían más caros? Sí, es verdad, pero ¡ojalá existieran!

Y si tenía sed, en cualquier cafetería o restaurant podía pedir un vaso de agua y se la traían fría con hielo y para teminar, si necesitaba ir al baño, en cualquier tienda, bar, cafetería o restaurant, podía entrar y allí iba a encontrar un baño limpio con agua corriente y papel higiénico. ¿Qué le parece? *Joyería Lumiere*, diseños exclusivos, Galiano 416 entre San Rafael y San José. *Peletería Picanes*, Galiano 418. La *Joyería Norte*, Galiano 412, sortijas de brillantes y oro blanco, joyas en general. *La Colchonería OK*, colchones, box spring, edredones, almohadas, sobrecamas etc, en Galiano 411entre San Rafael y San José. *Joyería Marzo*, Galiano 410. En la calle Galiano 408 se encontraba la *Westinghouse Cía Electric de Cuba*, distribuidores de

productos "Westinghouse". *The Royal Bank of Canada* en el 407. *Joyería Hermanos Bared*, Galiano 406 casi esquina a San José. *The Trust Company of Cuba,* Galiano y San José. En Galiano y San José, estaba el *Café Bar, El Mediodía.* La mueblería *El Cañonazo,* Galiano casi esquina a San José. La bellísima Joyería *Le Trianón,* Galiano 405 casi esquina a San Rafael, con su famosa línea de relojes Juvenia, plata, joyas, regalos, objetos de arte. *El Encanto* una tienda maravillosa que cambiaba sus vidrieras todas las semanas, en Galiano y San Rafael con sucursales en Varadero, Cienfuegos, Santa Clara, Camagüey, Holguín y Santiago de Cuba. *El Brazo Fuerte,* Galiano 360, almacén de víveres, empanadas, finos vinos, dulcería y helados.

La Casa Quintana, "la casa de los regalos", Galiano 358 entre San Rafael y San Miguel, joyas, sortijas de platino y brillantes, diseños originales, relojes, fantasías, cubiertos, vajillas, lámparas y artículos personales. *Y* si a usted le gustaba bordar, tejer, ahí estaba *El Bazar Inglés,* Galiano 352 y San Miguel, agujas, estambres, hilos de todo tipo y colores, el bastidor para bordar, alfileres, dedales, entredós, tira bordada, cintas, también manteles de warandol de hilo, encajes y revistas de labores, además de vestidos, sayas y blusas en finísimos tejidos de algodón estampados y a rayas. Y en esa misma esquina, estaba *La Opera,* "la esquina del ahorro" con sus tradicionales ventas de agosto. *Los Reyes Magos,* juguetería y artículos de regalos en Galiano y San Miguel.

Teatro Atelier "Galeria de Arte" en Galiano entre Neptuno y Concordia. *Peletería El Buen Gusto,* Galiano 312, especialidad en calzado para escolares y ortopédicos.
Lency Modas, Galiano 309 entre Neptuno y San Miguel, vestidos camiseros, carteras de piel, sweaters, chaquetas de punto, etc.
El *Hotel Alamac* estaba en Galiano 308 casi esquina a Neptuno.

La Isla, confecciones masculinas, trajes hechos, Galiano 307. En Galiano 306 y Obispo 527 estaba la *Librería Cervantes. The Bank of Nova Scotia* en Galiano 305.

El Llavín, locería, cristalería y regalos, Galiano 301 esq. a Neptuno. En Galiano y Neptuno estaba la gran mueblería *La Moda. La Mariposa,* era cristalería y locería en general, vajillas inglesas, en Galiano 264, entre Neptuno y Concordia. *Vogue,* finísima peletería en Galiano 260. En la esquina de Galiano y Concordia había un inmenso parqueo de varios pisos bajo techo y al lado, la cafetería restaurant "self service" *Kimboo,* abierta hasta la media noche.

Edificio América en Galiano entre Neptuno y Concordia inaugurado en marzo de 1941 con diez pisos y dos adicionales en la torre. En el se encontraba el cine teatro América con capacidad para 1,800 espectadores, estaba en sus bajos *Bijoux Terner*, joyería y fantasía fina, el *Teatro Radio Cine* , 2,600 butacas, por Neptuno y la moderna *Cafetería América* en Galiano y Neptuno, con fuente de soda, confitería, blue plates y un variado y exquisito menú, helados, batidos deliciosos y chocolate con churros. *Radiolandia Discos*, en el 257. *Fina* 258, Galiano frente al Teatro América, vestidos, carteras, pieles, encajes, telas para las habilitaciones de novia y un departamento de canastilla. En Galiano 219, estaba la frutería *El Camagüey,* batidos y helados. En Galiano 209, *Lámparas La New York*.

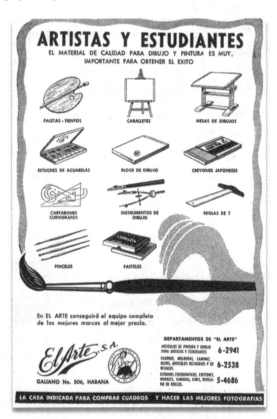

La Remington Rand de Cuba, máquinas de escribir, de contabilidad, de sumar, archivos, muebles de acero y records fotográficos, Galiano 208. *Cancha,* en Galiano 205 entre Concordia y Virtudes y en Neptuno y Gervasio, con una fina línea de camisas de sport y un *slogan* que decía "la Revancha la da Cancha". *Angelita Novias*, Galiano entre Concordia y Virtudes. La *Iglesia de Monserrate* en Galiano y Concordia. *El Hotel Lincoln* en Galiano y Virtudes. La *Galeria Kay,* "un rincón del París elegante", Concordia y Manrique. *Radiolandia*, discos, Galiano 257. Mueblería *Casa Dorta,* Galiano 160 entre Virtudes y Animas. *Ortopedia Carrasco*, Galiano 159. *Tony López*, escultor, escultura en general, Galiano 103 entre Animas y Trocadero. *Buría*, sastrería, camisería y ropa de sport, Galiano entre Virtudes y Animas**.** *5ta. Avenida,* sastrería y artículos de caballeros en Galiano y Salud.

Calle Galiano

La Ciudad de Londres
GALIANO 504 - HABANA

F. W. WOOLWORTH CO.
11 tiendas en toda la Isla

WESTINGHOUSE
Cía. Electric de Cuba
Distribuidores Westinghouse "La Marca de Garantía"
GALIANO 408 TELFS. M-7911 A-2911 A-2912 HABANA
AGENCIAS AUTORIZADAS EN TODA LA REPUBLICA

DESDE $3.50
Modernísimos estilos...
Joyería EL CAIRO
EL TEMPLO DE LOS ENAMORADOS
GALIANO 464 - TELF. A-2239 - HABANA

"La República"
LOCERIA, CRISTALERIA Y
ARTICULOS PARA REGALOS
Nuestros artículos de Regalos, aun cuando
sean de precio módico, constituyen siempre
un obsequio distinguido por su originalidad
y artística belleza.
GALIANO Nº 470-472   TEL. M-2647
FRENTE A BARCELONA

La Casa Quintana
LA CASA DE LOS REGALOS
GALIANO 358 - HABANA

La Estrella
LAS MAS LINDAS VAJILLAS
EN PORCELANAS EUROPEAS
GALIANO Y SAN RAFAEL . TELFS. M-1437 - M-2961

La ORIENTAL
BLUE PLATE ROYAL CREAM
GALIANO 505, entre Zanja y Barcelona - TEL. M-3254
LA ESTRELLA ORIENTAL

Fina
MODAS
GALIANO 358   (frente al cine América)

DISTRIBUIDORES
MUEBLERIA
La Moda
GALIANO y NEPTUNO - HABANA

Teatro AMERICA
GALIANO — CONCORDIA

LOS REYES MAGOS
GALIANO 315 . SAN MIGUEL 208
LA JUGUETERIA MEJOR SURTIDA DE CUBA

Cancha   GALIANO 205
SIEMPRE LO MAS NUEVO
ENTRE CONCORDIA Y VIRTUDES

Remington Rand de Cuba
AVE. DE ITALIA 208 .   TELF. M-5971   .   HABANA

Galiano y San Rafael, al fondo, El Encanto.

Un Toque de Distinción.

**Tenemos el vestido
exacto que
usted quiere**

El vestido exacto que Ud. quiere
para llevar desde ahora o para
estrenar próximamente le espera en El Encanto.

¿Precios? ¡También el que Ud.
quiere! Los modelos ilustrados
pertenecen a nuestras exclusi-
vas colecciones de *9.95, 12.95*
y *26.95.* ¡Además, otros muchos
modelos a precios igualmente
atractivos!

1.—VESTIDO de tweed imi-
tando lana, en precioso modelo
de actualidad. Rojo, carmelita,
gris y verde. Tallas: 10 a la 18,
9.95

2.—VESTIDO Encanto en falla
de fantasía cocoa y negro, estilo
princesa. Tallas: 10 a la 18,
26.95

3.—VESTIDO de falla negra o
prusia, con detalles de óvalos
combinados. Tallas: 10 a la 18,
12.95

Tercer Piso

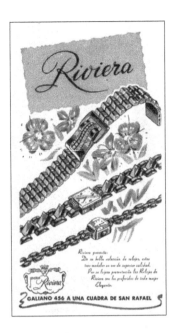

Edificio América. 1941. Galiano 257. Diez pisos, más dos en la torre.
Arquitectos Fernando Martínez Campos y Pascual Rojas.

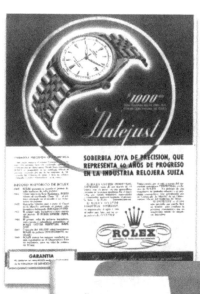

Precisión
Absoluta

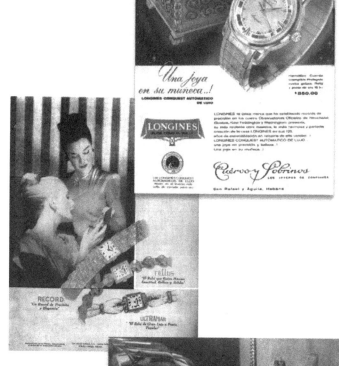

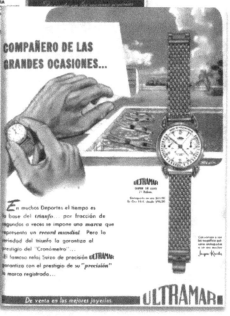

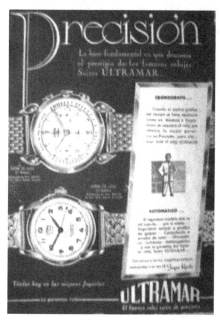

Casual
Elegante.

Galiano y San Rafael. Detrás el F.W. Woolworth, (Ten Cent).

Calle Galiano, a la derecha la tienda El Encanto.

Vista de La Habana, al centro, Droguería Sarrá.

Calle Galiano, izq. torre de la Iglesia de Monserrate, detrás, el Hotel Lincoln. Der. Edificio América, 1941. Con dos Cine-Teatros, el América con 1,800 butacas y el Radio Cine, 2,600 butacas, por la calle Neptuno.

CASINO NYLON 70

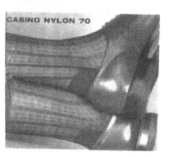

O CON AJUSTE INGLES

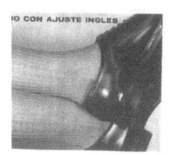

La calidad en calzado
solo tiene
un nombre

Amadeo

AMADEO, la marca de calzado nacional con prestigio en el mundo, se fabrica utilizando las técnicas más avanzadas, y ofrece una sola calidad superior e incomparable.

Hace 50 años que verdaderos artífices perfeccionan el calzado AMADEO, pensando en Ud. Use calzado AMADEO en sus más exclusivos diseños.

Dele a sus pies la suave sensación que produce el calzado AMADEO, con su hormas de medidas proporcionadas.

Flamante estilo de vestir, en la nueva línea creación AMADEO D'SuBOTA, HECHO A MANO. Suave-ligero flexible.

A SU DISPOSICION EN MAS DE 100 AGENCIAS.

Casino

Pruebe a romperlos ... a ver si puede

¡PAPA LA CONOCE!

EXCLUSIVA, ELEGANTE COLONIA

"Fraiche"

DE

CHRISTIAN DIOR

la recibirá por primera vez el Día de los Padres... Se usará siempre! Exclusiva, elegante, perfecto colonia "Fraiche" de Christian Dior, especialmente dedicado al hombre. 4.75, 9.00, 15.00, 25.00.

Perfumería - Planta Baja

El Encanto

AGUA
DE
LANVIN
PARA HOMBRES

LANVIN

Clase y Estilo

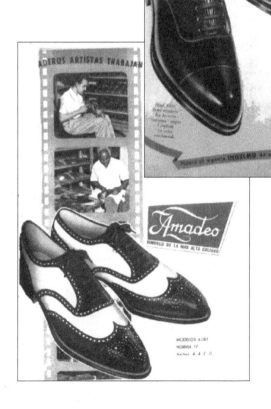

¡Y es Calzado Cubano!

¡ Llegó el Verano...!

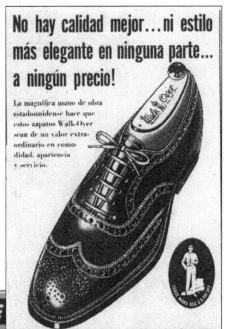

y para un Verano Cubano...

EL Encanto

Fue en Guanabacoa en 1888, donde por primera vez un hombre visionario, Don José Solís, abrió un almacén que años más tarde se convertiría en la tienda por departamentos más grande y elegante de la América Latina, El Encanto. Era como un Palacio en el Centro Comercial de La Habana, con grandes columnas, enormes y acogedores salones, con cuatro elevadores de los más modernos, escaleras eléctricas en todos los pisos, peluquería y cafetería. Pero no solo era El Encanto de La Habana, había sucursales en Varadero, Santiago de Cuba, Holguín, Cienfuegos y Camagüey, con Agencias en Matanzas, Caibarién, Puerto Padre, Sagua la Grande, Guantánamo, Victoria de las Tunas, Sancti Spíritus, Ciego de Avila, Güines, Bayamo y la sucursal de Santa Clara. El trato exquisito de sus empleados, la sonrisa oportuna, sus espectaculares vidrieras, ni que decir de su impresionante Salón Francés de Alta Costura, con aquellos diseños exclusivos de Manet. Era El Encanto un establecimiento que presentaba las modas parisinas el mismo día que se presentaban en París y New York, no había que ir hasta Europa y contando siempre con la Colección exclusiva de Christian Dior concedida a esta maravillosa tienda por el propio diseñador.

"Yo Tuve la Suerte de Trabajar en un Lugar Maravilloso"

El Encanto era una tienda que tenía seis pisos para el público y uno adicional para oficinas. Tenía cuatro elevadores con la fachada de mármol y escaleras rodantes muy bellas en cada piso. Había una peluquería en el tercer piso y también una cafetería. En la fachada principal del edificio, por la calle Galiano, había un balcón con un jardín con palmas y allí era donde se ponía a Los Tres Reyes Magos. En las Navidades se decoraban todos los pisos cada uno con un estilo

diferente. Contaba también El Encanto con un departamento enorme que era expresamente para la decoración de las vidrieras que se cambiaban todas las semanas, eran tan bellas, que para mucha gente en La Habana, salir por las noches a recorrerlas era en sí, un paseo. La tienda estaba situada en Galiano, San Rafael y San Miguel. Contaba con una carpintería, una imprenta y un departamento de expedición con una línea de camiones que tenía a su cargo la entrega a domicilio de las compras para aquellos clientes que preferían que se las llevaran a su casa. La caja fuerte estaba en el sótano y funcionaba por un sistema de cables como en algunas tiendas de Nueva York.Tenía 56 departamentos y en cada uno de ellos había una caja. En aquel entonces había dos sesiones de trabajo, se cerraba a la hora de almuerzo y se abría de nuevo como a las dos y media hasta las seis de la tarde. Mi madre había sido costurera toda la vida, mi tía Concha cosía en Bernabeu, una Casa de Modas de un modisto francés en La Habana, o sea, que yo siempre estuve al tanto de lo que era la costura y los materiales porque los ví en mi casa. Mis primeros diseños los hice a los 18 años y tuve la suerte de trabajar en un lugar maravilloso. A los 20 años, ya dirigía el Salón de Diseños de El Encanto. Allí conocí a muchas personalidades.Las empleadas se vestían de hilo blanco en verano y negro en invierno. Las enseñaban a caminar y a maquillarse. Cuando llegaban nuevas, las colocaban en las oficinas donde no tuvieran acceso al público y cuando ya estaban listas, las bajaban a los diferentes departamentos. La ventaja de la ropa era tremenda, recibíamos muy buenos descuentos en la ropa de trabajo y en los zapatos.

A los hombres nos daban Fashion Shows también para que viéramos como teníamos que vestirnos según la temporada.

Yo podía vestirme en el Salón Inglés de Caballeros porque todo lo que fuera a usar para mi trabajo, me lo daban a unos precios increíbles y entonces nos decían "ustedes tienen que lucir como príncipes y princesas" y a la semana siguiente, llegaba el Rey Baduíno con 20 edecanes para ordenar su vestuario en El Encanto. En Prado y Neptuno teníamos el Club Seica para recreo de todos los empleados. Cuando terminaba el año fiscal, se repartía el dividento – parte de las ganancias – a los empleados.El Encanto tenía un departamento exclusivo para los zapatos *Naturalizer*. Yo diseñaba para el Departamento de Jovencitas, como yo era tan joven, diseñaba para las personas de mi edad. Cuando esas niñas crecían y se iban a casar me pedían que les hiciera sus trajes de Novia. Así fue como comencé a hacer trajes

"Mucho favorece la nueva línea a la mujer cubana"

Atractivos Diseños de Antonio.

de Bodas. Una de mis grandes clientas fue la Primera Dama, Sra. Mary Tarrero, esposa del Presidente Dr. Carlos Prío Socarrás (1948-1952). Yo le hacía la ropa a las niñas María Elena y Marianne, incluso, cuando estuvieron aquí exilados se les mandaba desde El Encanto. Luego cuando nos encontramos en el exilio, aquí en Miami, yo les hice los trajes de novia a las dos. El Salón Francés de Alta Costura era una copia del Atelier del famoso diseñador Christian Dior en París, todo gris plata con un espejo enorme tallado al frente, los muebles eran grises igual que las alfombras y con luces indirectas. Había varios probadores, dos de ellos enormes que se convertían en uno solo y que servía para probar los trajes de novia y que pudieran verse con cola y todo. Teníamos oficinas en París, New York, etc. Tan pronto salían los perfumes ya al otro dia estaban en El Encanto. Cualquier mujer que quisiera un traje a la medida o un

62

perfume francés, no tenía que
ir a Paris, venía a La Habana en
un vuelo rápido. Yo diseñaba
para el Departamento de
Lencería también y las novias
seleccionaban ahí sus ajuares
de boda. Había una artista que
era checoslovaca pero que
hacía películas en México,
Miroslava, era tan bella que
siempre salía en ropa íntima y
cuando ella descubrió el
Departamento de Lencería de
El Encanto se quedó encantada
y a partir de ahí, comenzó a
salir en sus films con diseños
mios. Yo conocí a muchas
estrellas del cine mexicano y
norteamericano. Conocí a la famosa
cantante norteamericana Eartha Kitt, a
Maureen O'Hara, la estrella de la película
"El Cisne Negro" con Tyrone Power, tenía
una cabellera roja y unos ojos verdes…era
más bella aún en persona. Conocí a Pier
Angeli y a Debbie Reynolds, a famosos

Departamento de Regalos

actores de Hollywood como Robert
Mitchun, Errol Flynn, él casi vivía en
La Habana, a Marlon Brando, en fin.
Josephine Baker era una que cuando
estaba en La Habana vivía y moría
en El Encanto y compraba y
compraba. María Félix, para mi, la
mujer más bella que he visto en mi
vida. Un cuerpo extraordinario y una
cinturita asi…Impresionantemente
bella, muy atractiva. Cuando vio a
las modelos caminar en el Salón de
Exhibición, se fue a París para que la
enseñaran a caminar a ella también.
El Encanto tenía una colección que
era de Manet, él diseñaba trajes de
noche, de tarde y en dos o tres
ocasiones hicimos una colección
juntos con Christian Dior. Yo estudié
en la Alianza Francesa en La Habana
porque todos los informes que
llegaban de la Moda, eran en francés
y por eso pude hablar con Dior,

El famoso cantante Lucho Gatica, firma autógrafos en el Dpto. de discos a
los clientes de la tienda habanera.

cuando estuvo en La Habana, en El Encanto. Era una persona muy tímida. Christian Dior fue uno de mis maestros. Mis vestidos se ponen sobre la piel, no hace falta ajustadores, eso lo aprendí con él. El creó la cintura bien fina, las caderas marcadas y el busto definido, devolviendo a la mujer la figura femenina. El mismo dia que se presentaba la Colección de Dior en París, se presentaba en La Habana. Cuando Herminia del Portal, directora de la revista Vanidades en La Habana, se enteró que había un muchacho de 20 años dirigiendo ya un departamento, me mandó a llamar y me ofreció que me quedara a trabajar en Vanidades, pero yo le dije que yo tenía capacidad para trabajar en los dos lugares e inmediatamente comencé a hacer las páginas de modas de la revista hasta que salí de Cuba para acá. Yo por el trabajo que tenía, venía a Estados Unidos tres o cuatro veces al año y el padre y el tío de Cristina, los Saralegui - que eran los dueños de Vanidades en Cuba - y que ya estaban aquí, me dieron sus teléfonos para no perder el contacto. Una vez establecido yo aquí en Miami y con un buen trabajo que no quería dejar, decidí ir y venir a New York a hacer mi trabajo de la revista y así fue como sacamos la Revista Vanidades en el exilio.

Antonio González Muñiz.
Diseñador de El Encanto.

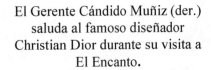

El Gerente Cándido Muñiz (der.) saluda al famoso diseñador Christian Dior durante su visita a El Encanto.

San Rafael y Galiano.

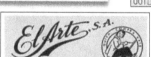

¡NIÑOS!

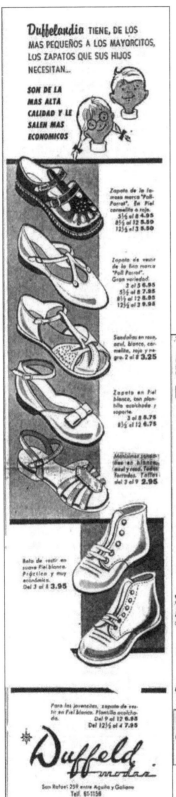

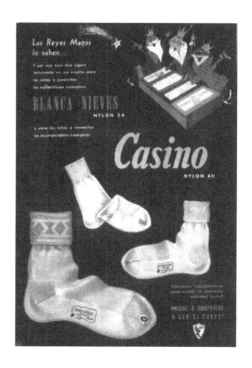

Esta es
Prado y
Neptuno.

La esquina
de ¡La

Engañadora!

La Habana
Circa 1955
Esquina de Prado y Neptuno

Ajuares de casa

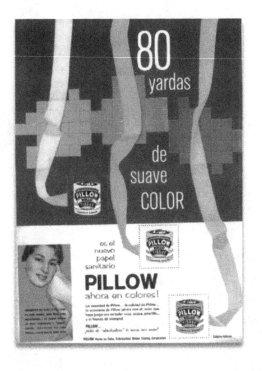

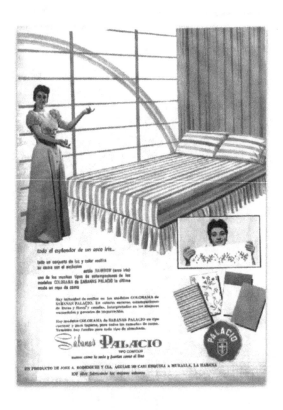

en sus colores
favoritos...

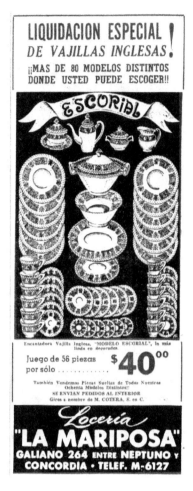

¡Todo lo que Ud. Necesita en su Hogar!

LA VENTA DE 90¢

es única e incomparable y ofrece
nuevas oportunidades cada día

PARA EL HOGAR:

1 Toalla de Felpa Americana, Tamaño 20x40 ... 90c
7 Toallas Para el Baño 90c
2 Toallas de Felpa 90c
5 Tapetes de Warandol 90c
1 Tapete de Encajes 90c
2 Paños de Vajilla 90c
3 Doyles de Crash 90c
7 Paños Para Fregar "Cannon" 90c
4 Servilletas, Tamaño 18x18 . . . . 90c
1 Saco Para Ropa, de Cotín 90c
1 Funda Americana, Tamaño 42x36 . . . . 90c
2 Frazadas Para el Piso 90c
2 Frazaditas de Niño 90c
1 Forro Para Tabla de Planchar 90c
6 Abrazaderas Para Cortinas 90c
2 Cordones Para Cuadros 90c

"la época"

Neptuno y San Nicolás.

La tienda que triunfa porque sirve bien a sus clientes

Inigualables Oportunidades para Toda la Familia en

Lindas y Frescas
BLUSAS
a 90c

Diversos modelos en telas de fino algodón, lavable. Colores de novedad. Tallas 10 al 20.

LA VENTA DE 90¢

El Acontecimiento Comercial
Cumbre del Año!

la época

Galería la época
Neptuno

Las Telas más
Originales y Apropiadas...

cuestan menos en
la época

FIJESE EN ESTOS PRECIOS!

TAFETAN GROSS, 40" de ancho . . . . . . **0.70** yarda
TAFETAN FALLA, 45" de ancho . . . . . . **0.90** yarda
TUL DE NYLON, 54" de ancho . . . . . . **0.85** yarda
ORGANDI INGLES, 45" de ancho . . . . . **0.70** yarda
ORGANDI SUIZO, **1.00, 1.30** y **1.60** yarda
ORCANDI SUIZO BORDADO,
50 estilos diferentes de . . . . . . **1.95** a **4.75** yarda
ORGANZA DE NYLON, 45" de ancho . . **1.00** y **1.25** yarda

74

Calle Neptuno

Calle Neptuno.

La Calle Neptuno era una de nuestras principales arterias comerciales. Comenzando en Neptuno y Zulueta, el impresionante *Hotel Plaza* y al frente, el inconfundible edificio de la *Manzana de Gómez.* Cinco pisos llenos de oficinas, academias, tiendas de perfumes, souvenirs, zapatos, encajes hechos a mano, cigarros, sombreros, artículos para caballeros, sastrerías, barberías, farmacias, licores, todo eso y más bajo el mismo techo adelantándose al concepto de Mall en cincuenta años. Frente al Parque Central estaba el *Café-Bar Partagás*, en el 359 de Prado y Neptuno. Los Cines *Negrete* en Prado y Trocadero 1,350 butacas, el *Teatro Fausto* 1,669 en Prado y Colón y el *Lara* 350, en el 553 de Prado. El *Hotel Siboney* en el 355 por Prado casi esquina a Neptuno. El *Restaurant Miami-Bar-Café*, Neptuno y Prado.
En Neptuno 105 estaba el *Hotel Hanabana* llegando a Prado. En el 108 de Neptuno estaba el *Cine Rialto* con 704 lunetas. En Neptuno 120, estaban *Los Parados,* una cafetería muy conocida y frecuentada con una demanda y una clientela constante las 24 horas del día.

JUNIO 21
DIA DE LOS PADRES

2 ofertas de *Ramallo* en el día de "papá"

Combinación consistente en pantalón de dril blanco de Lino Irlandés y guayabera de fino bramante de Lino Irlandés, con 8 alforzas y botones de nácar
$17.95

2
Elegante guayabera en legítimo bramante de Lino Irlandés.
$8.95
Otras desde
$6.95

Creaciones
Ramallo
Neptuno y Manrique

Joyería *La Equidad* en Neptuno 156. *Locería La Copa*, Neptuno 157 esquina a Consulado, donde Ud. podía alquilar un servicio completo de vajillas, cubiertos, cristales y todo lo necesario para banquetes, buffets, fiestas de todo tipo, surtidos para bares, artículos de regalos y eléctricos. En Neptuno 162 estaba la tienda de sombreros *El Louvre. Joyería Versalles*, lámparas, cubiertos, vajillas, en Neptuno 164 entre Industria y Consulado frente al *Cine Encanto.* En Consulado estaba el *Cine Verdún* con 1,350 lunetas y el *Cine Majestic,* que tenía techo retráctil que lo abrían en las noches y contaba con 1,110 lunetas. La *Optica Argos,* Neptuno 165 entre Industria y Consulado. *Roberts Tobacco Co.* Neptuno 167, importadores de cigarros americanos, fabricantes de tabacos y artículos para fumadores. *La Casa Fine,* muebles para niños, colchones, camas, en Neptuno e Industria y sucursales en Belascoaín, en Monte, en Diez de Octubre y en Tamarindo. *Peletería Picanes,* en Neptuno 202, con sucursales en Reina 1 y Galiano 418. *Sonido y Proyección S.A.* discos, amplificación y sonido en general con su famosa marca RCA Víctor, Neptuno 204 casi esquina a Industria. En Neptuno 205 estaba *La Casa del Brillante,*

joyería fina. En Amistad 204, entre
Neptuno y San Miguel, estaba la *Casa Dr,
Scholl* calzado ortopédico, soportes,
quiropedistas. *Peletería Minuet*, Neptuno
206 casi esquina a Aguila. En esa misma
cuadra estaba el *Club de los Bohemios*. *La
Gran Via*, camisería y artículos masculinos,
llegando a Aguila.

Belinda Modas, diseños de mujer con ventas
especiales los lunes, Neptuno 207 entre
Industria y Amistad.

La Casa del Perro se especializaba en artículos de
piel, baúles, maletas, Neptuno 210 entre Industria
y Amistad. En Amistad entre San Rafael y San José
se encontraba la *Cafetería Restaurant Daytona*,

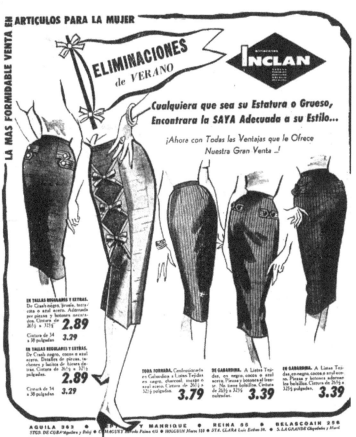

frozen de chocolate y los más exquisitos
helados con caramelo. *La Peletería
Castillo,* zapatos ortopédicos en
Neptuno y Amistad. *Luxor*, vestidos,
fantasías, pieles y objetos de regalos,
Neptuno 212 entre Amistad e Industria.
Demoiselle, vestidos de jovencitas y
señoras en Neptuno y Amistad.
American Photo Studio, Neptuno 255.
Leal Foto Studio, "el fotógrafo de los
graduados" en Neptuno 257. *Peletería
Picanes*, Neptuno 262. *La Elegante*,
Neptuno 264, sedería y quincallería.
Berens Modas, Neptuno 307, entre
Aguila y Galiano, con artículos y
carteras de piel de cocodrilo, blusas
bordadas y pintadas a mano, regalos.
Entre las tiendas por departamentos se
encontraba *Roseland* en Neptuno y

Aguila y *La Epoca,* con su famosa venta de los 90 centavos, Neptuno y Galiano. *Olemberg*,
calzado para caballeros, en Neptuno. *Minicam Productos Kodak*, Neptuno 305. La *Peletería
Ballet*, Neptuno 311, calzado para niños. *Mueblería La Moda,* Neptuno 358. *Konfort*, colchones

y muebles para niños, Neptuno 360.

La Filosofía en Neptuno 401 con entradas también por San Nicolás y San Miguel. La *Peletería Trianón,* Neptuno 402. *Florida,* Neptuno 405, una tienda de varios pisos que vendía zapatos Americanos. *La Casa Pérez,* Neptuno 407, celebrando su aniversario 40 en este 1958.

La Parisina, modas de señoras, Neptuno 410. *Peletería Arrinda,* Neptuno 411. *Mueblicentro,* Neptuno 412. La *Casa Cofiño*, Neptuno 413, 415, 417, artículos para caballeros y niños. *Peletería Smile,* Neptuno 454. *Peletería Fontana,* en Neptuno 455 entre Manrique y Campanario. En Neptuno y Manrique estaban los *Almacenes Inclán,* artículos para la mujer con sucursales en Aguila, en Reina y en Belascoaín. Y en el interior, en Santiago de Cuba, Camagüey, Holguín, Santa Clara y Sagua la Grande. *El Palacio de Cristal*, loza, cristalería y objetos de regalos, Neptuno esquina a Campanario. *La Zarzuela*, sobrecamas, sombrillas, ropa interior, en el 461 de Neptuno y Campanario. Zapatos exclusivos "Giuliano" de la peletería *Miami,* Neptuno 460-462 entre Manrique y Campanario. *Peletería Roxana,* Neptuno 464. *Camisería Ramallo* con su slogan "Ramallo tiene su pantalón", Neptuno y Manrique. *Peletería Versalles*, Neptuno 501. *The American Grocery*, víveres finos, Neptuno y Perseverancia.*Cine Neptuno,* 800 butacas, en el 507. *Joyería La Princesa,* Neptuno 508. *Lucerna,* repostería, pasteles, cakes y dulces finos, Neptuno 510 entre Campanario y Perseverancia. *Hotel Ritz,* Neptuno 514. *Golf,* artículos para caballeros, Neptuno 515 frente a Perseverancia, *La Casa de las Banderas,* gallardetes, monogramas, Neptuno 523.

Jaracanda, cafetería, fuente de soda, blue plates, con música indirecta, Neptuno 527. *La Casa de los Bordados,* también en Neptuno. *Colchones Lavín* "los colchones Lavín, no tienen fin", Neptuno 551. *Mueblería La Universal,* Neptuno 553. *La Optica El Prisma,* Neptuno 563 entre Lealtad y Escobar. *Le Grand París,* tintorería y lavandería de luxe, Neptuno 568 casi esquina a Escobar. *La Nueva Venecia,* Neptuno 620, objetos religiosos, orfebrería, etc. *Ortopedia Macías,* Neptuno 657. *Mueblería Cao y Varela*, Neptuno 667. *Díaz y Chao,* mueblería, Neptuno 709-710. *Mueblilandia,* Neptuno 855 entre Oquendo y Soledad. *Peletería La Perla Cubana,* Neptuno 916. *El Siglo XX,* famoso por sus sandwiches y dulcería en Neptuno y Belascoaín. En Neptuno, entre Gervasio y Belascoaín, estaba la *Peluquería Navarro. Mueblería Orbay y Cerrato* "de la fábrica a su hogar" en Neptuno y Gervasio. *Minimax Supermercados S.A.*, la cadena de tiendas de víveres más completa, había uno en Neptuno y Lealtad entre los muchos que tenía La Habana. Peletería *La Orensana* por la calle Virtudes, en el 254.

Grimbau

El más inspirado estilista en calzado de mujer, adopta su nuevas y finas creaciones el antílope negro, que en la moda invernal alterna con las pieles y charoles. Discretas y favorecedoras aplicaciones de encaje de seda centúan la exquisita elegancia de estos exclusivos modelos de "VOGUE".

Envíos al Interior: 50 cts. extra

tacones extrafinos de aluminio, en altos y medianos.

Anchos: B
AA
AAA
AAAA

15 95

PELETERIA
VOGUE
GALIANO 260

2 MODELOS EXCLUSIVOS

de Lazzetti

a 8 98

en
fontana

En Kips negro, también en charol. Tacón alto, mediano e ilusión. Anchos AA y B.

PELETERIA
fontana
Neptuno 455 entre Manrique y Campanario La Habana

Oferta de la Semana

rebajados en un 50%

7.99

9.99

Lynx

San Rafael 256 entre Galiano y Aguila
Telf. A-7509

79

Elegante en cualquier estación del año.

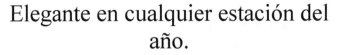

LA FILOSOFÍA
NEPTUNO – SAN NICOLAS – SAN MIGUEL

¡La entusiasmarán en cuanto las vea!

LUJOSAS, FINAS ESTOLAS DE JERSEY DE LANA BELLAMENTE ADORNADAS

En blanco o en negro, colores que más elegantemente puede asociar a múltiples vestidos, le ofrecemos una novísima y linda colección de Estolas en suave jersey de lana, rectangulares o en forma de capa, adornadas con anchas franjas de encaje de nylon primorosamente rebordado y airosos flecos de rayón o de lana. Véalas en estos días.

17.95   21.50   23.50

Estolas y Pañuelos: Planta baja

Junio, Mes del Cliente en La Filosofía.

A mamá le gustará mucho

Sombrilla estilo pagoda. De diez varillas, con centro de metal. Tela exterior en negro, prusia o rojo. Tela interior en blanco, azul o amarillo con alegre estampado de rosas. **7.25**

LA FILOSOFÍA
NEPTUNO · SAN NICOLÁS · SAN MIGUEL

La Filosofía. Neptuno, San Nicolás y San Miguel. Fundada en 1870. La Habana.

Un regalo íntim

Precioso refajo en sur
rior multifilamento. Ad
nado en el busto y
ruedo con fino enc
alencon francés. Blan
rosa o negro. Tallas
al 44. **7.95**

LA FILOSOF
NEPTUNO · SAN NICOLÁS · SAN MIGUEL

Muy práctico y distinguido

Juego de toallas de la acreditada marca Ca
llaway. Dibujo reversible, con cenefa y óvalo
en colores rosa, azul, verde, acqua y mostaza
Compuesto de tres toallas: grande, mediana y
pequeña. **5.25** juego

LA FILOSOFÍA

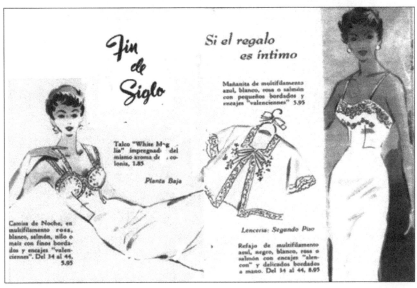

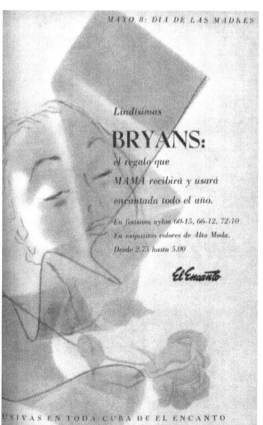

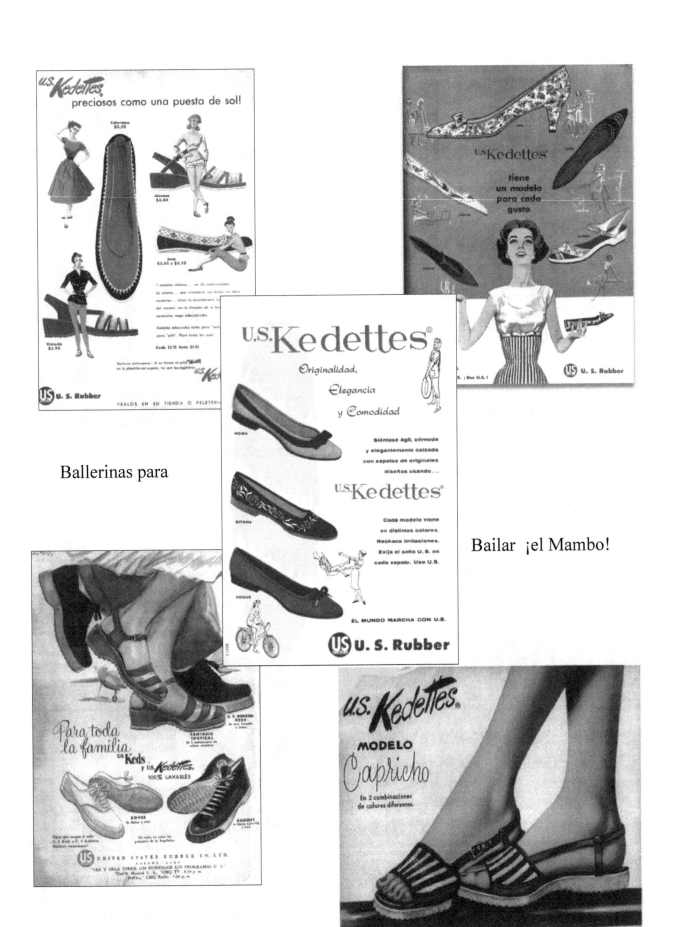

Ballerinas para

Bailar ¡el Mambo!

Calle Reina.

En Reina y Galiano estaba *"Boston" Romillo y Co.* una fábrica de uniformes para policías, guardajurados, sirvientes, etc. *La Casa Sánchez,* colchones Windsor con los mejores materiales americanos, Reina frente a Galiano, Monte frente a Amistad y 10 de Octubre y Tamarindo. La *Peletería Picanes* en Reina #1. La Mia, víveres finos, carnes, pollos, Reina 14.

Joyería *El Estilo* en Reina 57. La sastrería *El Arte*, Reina 61, sastres modelistas con especialidad para jóvenes y niños. *Peletería El Mundo*, Reina 103. *Almacenes Ultra*, Reina *109* frente a Galiano con una sucursal en Neptuno y San Nicolás. Frente a *Ultra*, estaba la *Peletería El Gallo*. El *Cine Reina,* en el 112 con 1,570 lunetas. *Joyería Roxy,* Reina 204. *The Electric House,* importadores de electricidad, Radio-Televisión, Reina 210. En Reina 214-216 estaba *La Casa Edison*, artículos eléctricos. *Optica Orbe*, Reina 257. *Almacenes Cristina*, víveres finos, Reina 261 esquina a Campanario. *Audioland,* efectos eléctricos, Reina 262 entre Manrique y Campanario. *La Caoba,* panadería y dulcería, entrega a domicilio, Reina 268.

La Funeraria *Vega Flores*, Reina 306. Estudio fotográfico *Naranjo,* Reina 317 (altos). *La Casa Marconi*, efectos eléctricos, Reina 317. En Reina 319 la popular ferretería *Feíto y Cabezón.*

Al Bon Marché, con un surtido extenso de artículos para la Primera Comunión y estampitas de todos los santos, librería y juguetería, Reina 467 casi esq. a Belascoaín. En Reina y Belascoaín estaba la *Casa de los Tres Centavos*, conocida popularmente como la *"venta de los tres kilos".* La tienda por departamentos *Los Precios Fijos* para toda la familia, en Reina, Aguila y Estrella. En Reina 609 estaba el *Cine Cuba* con 900 butacas.

En Reina y Amistad había otra tienda por departamentos fenomenal, *Sears Roebuck and Co. S.A.* con una sucursal en Marianao y en el interior en Santa Clara, Cienfuegos, Holguín, Sancti Spíritus y Santiago de Cuba, un completo surtido para toda la familia asi como artículos para la casa, muebles, efectos eléctrodomésticos, una tienda muy completa y con mucha garantía, con unos catálogos a todo color para que usted escogiera con calma su mercancía favorita. La *Joyería Aldama* estaba en Reina y Amistad. En Reina y Rayo, *La Casa Avícola*, todo para su jardín y los aperos de cultivo también. Otras calles con gran movimiento comercial eran Monte, Calzada de 10 de Octubre, Muralla, Lamparilla, etc.

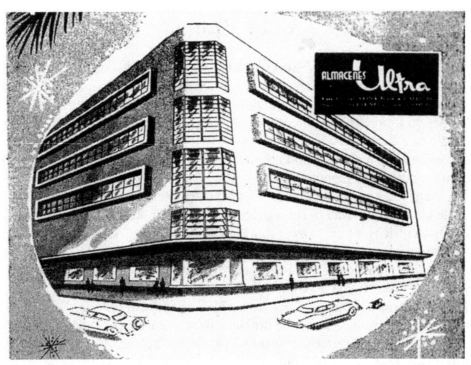

Reina frente a Galiano.

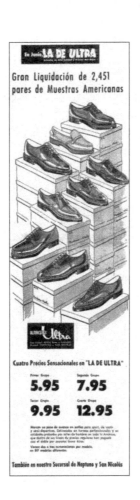

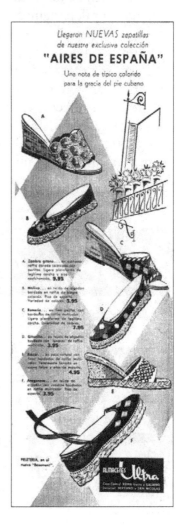

ESTAMPADOS PERMATEX.
CAYO LA ROSA   BAUTA

Novedosos estampados que
le harán lucir mejor.

Los Colores

De la

Moda.

La Industria Textil.

En 1927, Cuba importaba casi todos los tejidos que se consumían en el país. Sin embargo, en 1957, la Industria Textil abastecía casi completamente la demanda nacional. En el mencionado año había 28 grandes plantas textiles y estaban en proceso de fabricación otras muchas, además de las pequeñas que se encontraban en plena producción y que duplicaban la cifra anterior. La Planta Rayonera de Matanzas producía anualmente 9 millones de libras de hilaza de rayón de la cual el 75% era utilizada por

cinco fábricas que producían *gabardinas, satén, tafetán, sarga y* otros tejidos incluyendo, tejidos de *algodón, driles y estampados.* En 1955, se inició la industria del estampado de los tejidos de rayón. De 1954 a 1956, once fábricas produjeron un promedio anual de un millón doscientos mil pares de medias de nylon y de rayón, duplicando la producción de diez años atrás.

Esto sin contar, la cantidad de fábricas de tejidos de punto, toallas, franelas, tejidos de lana y casimires, sobrecamas y otros tejidos.

La industria de la confección empleaba en 1956, cerca de 30,000 personas en más de mil fábricas y talleres que abastecían casi toda la demanda de consumo interno de ropa hecha, con un valor de 60 millones de pesos. La industria textil cubría más del 65% del país y la de confecciones a más del 95%.

Recordemos algunas de las telas que usábamos en Cuba.

Cambray, algodón, falla, tricot, jersey, dacron, dril, crepé grano de arena,crepé corrugado, organza de nylon, piqué de fantasía, piqué panal, algodón corrugado, seda pura, hilo, crash, tafetán, multifilamento, opal, terciopelo, pana, guinghan, organdie, chiffonela, picolay, tul, satén, poplin, percal, rayón, warandol de hilo, shantung, shantung cristal, shantung de seda, lino irlandés, brocados, olán, muselina, frescolana, corduroy, nylon, gabardina, sarga, algodón satinado, georgette, fieltro. Encajes diversos, además de casimir, lana, lamé, razmir y muchas otras.

Ya llegó la Gran Venta Fin de Verano

Desde mañana todo le cuesta menos en la CASA SUAREZ

VESTIDOS de Seda estampados REBAJADOS de $26.00	a $12.99
VESTIDOS de Hilo bordados REBAJADOS de $16.00	a $ 6.99
VESTIDOS de Algodón estampados REBAJADOS de $18.00	a $ 5.99
VESTIDOS más de 40 modelos REBAJADOS de $10.00	a $ 4.99
VESTIDOS descontinuados REBAJADOS de $8.00	a $ 3.99
SAYAS a listas y estampadas REBAJADAS de $5.00	a $ 2.99
SAYAS de Crash rectas REBAjadas de $6.00	a $ 3.99
SAYAS de algodón rizadas en la cintura de $5.00	a $ 1.99
BATAS de Piqué troquelado estampadas de $6.00	a $ 2.99
BATAS de algodón estampadas de $4.00	a $ 1.89
FAJAS de Nylon Irregulares de $8.00	a $ 1.99
FAJAS de Nylon segundas de $8.00	a $ 1.49
FAJAS de nylon tamaños chicos de $6.00	a $ 1.99
FAJAS de Nylon lote descontinuadas de $10.00	a $ 2.99
ROPONES de Tricot Glamour de $5.00	a $ 2.89
ROPONES de Tricot Glamour de $3.00	a $ 1.49
ROPONES de Tricot Glamour de $4.50	a $ 2.29
REFAJOS de Tricot de $3.50	a $ 1.89
REFAJOS de Tricot de $4.50	a $ 2.99
SAYUELAS de Nylon de $7.00	a $ 1.99
SAYUELAS de Tricot de $2.00	a $ 0.88
SAYUELAS de Tricot de $2.50	a $ 0.99
SAYUELAS de Tricot de $3.50	a $ 1.69
SAYUELAS de Multifilamento de $4.00	a $ 1.99

CASA Suarez

AGUILA Y SAN MIGUEL
ESPECIALIDADES EN ARTICULOS DE LUTO

GRANDES REBAJAS DEL JUEVES

CHAQUETAS de Piel Perlada rosa y rojo de $12.00	a $5.99
VESTIDOS Camiseros nuevos modelos de $7.00	a $3.99
VESTIDOS "LOTE" más de 50 modelos de $10.00 y de $12.00 ..	a $6.99
VESTIDOS "LOTE" de Vestir y tipo Sport de $18.99	a $9.99
SAYAS "LOTE" más de 20 modelos de $4.99 y de $7.99	a $2.99
SWEATERS Chaqueta Orlón a rayas de $8.99	a $5.99
SWEATERS Chaqueta Super Orlón de $8.00	a $3.99
SWEATERS Chaqueta Banlón de $12.00	a $7.99
BLUSAS y Camisas de Poplín sanforizado de $3.00	a $1.99
PULL-OVERS y Chaquetas Cardigán surtido en colores de $4.99	a $1.99
CHAQUETAS de Punto a Rayas surtido en colores de $5.00	a $2.99
BOBITOS de Tricot azul, rosa, multi, de $4.00	a $2.99
AJUSTADORES Mademoiselle de $1.50	a $0.99
FAJAS Elanca, Lastiflex, rosa, azul, blanco de $4.95	a $2.49
SAYUELAS de Tricot de Nylon con encaje y aplicaciones de $4.95	a $2.49
CARTERAS Vanity con cierre de metal dorado de $2.00	a $0.99
CARTERAS Govelino gran variación de $8.00	a $4.99
GUANTES de Gamucina con perlas de $2.00	a $0.99
PERFUMADORES de metal con piedras y perlas de $3.00	a $1.49
ARETES dorados con piedras y perlas de $1.75	a $0.99
JUEGOS de Collares y aretes, perla con crístal de $5.00	a $2.99

Lency MODAS

Galiano 309 entre Neptuno y San Miguel

El Trianón, Enramadas entre San Félix y San Pedro. Santiago de Cuba.

Peletería Kuba. Placetas, Las Villas,

Semana Santa.

Era una semana de recogimiento. La imagen de la Santísima Virgen recorría las calles del Vedado en la procesión del Santo Entierro que organizaban los padres Dominicos de la Antigua Iglesia del Carmelo, esa era una de las muchas procesiones tradicionales del Viernes Santo en La Habana. El Jueves Santo en la tarde y en la noche se hacía el recorrido de las Estaciones ante los monumentos levantados en todos los templos. Los fieles rendían homenaje a la Sagrada Eucaristía cuya Institución por Cristo en la Ultima Cena, es uno de los pasajes de la vida de nuestro Señor, que conmemoraba la cristiandad en esos días. En los terrenos del noviciado de los padres Jesuítas de El Calvario, se organizaba anualmente el solemne Vía Crucis y Procesión del Viernes Santo que finalizaba con el Sermón de la Soledad. El Viernes Santo en Güines, se escenificaba la Pasión por la mañana .En diferentes lugares a lo largo de la Isla se llevaban a cabo ceremonias relacionadas con la Semana Santa. Eran días de respeto y meditación.

93

Para un caballero que sabe lo que busca...

"La Habana era un Emporio Comercial."

Oscar Ortiz
Comerciante de Calzado

Yo soy de Matanzas y mi giro siempre fue el calzado donde además de fabricante, fui vendedor y peletero. Toda mi vida se desenvolvía dentro de un zapato. La suela que se ponía en Cuba era una suela procesada, no había agua que penetrara eso. El zapato cubano tenía un control de calidad, existía la * *CRIC, Comisión Reguladora de la Industria del Calzado*, que funcionaba en los altos de la Manzana de Gómez.

Yo visitaba cuatro provincias cada mes, menos Camagüey y Oriente. En Cienfuegos había más de veinte peleterías, *Novedades, La Princesa, La Principal, La Opera, El Paraíso.* Era una plaza fuerte, tenía mucha influencia francesa, las calles tenían nombres de franceses y el Teatro Terry, era una maravilla. En La Habana, en la calle Monte, empezando por Cárdenas y hasta la esquina de Monte y Cristina por el Mercado Único, había treinta y siete peleterías, las más grandes, *La Defensa en Monte y Someruelos, La Casa Fraga, la Isla en Monte y Factoría, Cadete, La Corona, La Imperial, La Delia, Marina,* en fin…

Yo diría que la calle Monte era la arteria principal de La Habana. Era la calle más comercial y a donde más iba la gente a comprar, la más popular, la calle que más mercancía vendía, toda buena y a precios módicos. Y todos esos comerciantes vivían y todos ganaban dinero y pagaban bien. El comercio en La Habana era un negocio muy sólido.

Los portales de la calle Monte en Navidad, aquello se llenaba de juguetes de todo tipo, la *Juguetería Marte y Belona* era algo espectacular, allí no faltaba nada, en Amistad y Estrella. Había una peletería en Monte que se llamaba *Eco* y estaba *La Casa Fraga* que tenía dos peleterías y una de ellas era solo de caballeros. Había otras, *Chicago y París-Viena, Dúplex* en Monte frente a la calle Amistad, es difícil recordarlas todas.

La calle Reina era otra calle muy comercial, las peleterías *El Mundo, La Opera y La Diana* en Reina y Águila, la colchonería *La Luisita, el Hotel San Carlos* en Egido, que era un Hotel muy frecuentado por los matanceros. *La Sortija Joyería*, en Monte y Prado. La tienda por departamentos *Los Precios Fijos,* en Reina, Águila y Estrella. En Monte y Prado había unos suizos que tenían quincallas y relojerías. Estaba la Plaza del Vapor que era muy conocida, en Dragones estaba la peletería *La República* de los hermanos Sánchez, la *Vanidades* y en Belascoaín había varias peleterías, también estaba la tan conocida firma de calzado, *Amadeo. La Cubana* que era de un judío. *La Peletería Troya, la Alameda, La Noble Habana, La Principal,* eran como once peleterías.

No podemos dejar de mencionar el servicio de los peleteros - quienes recibían un entrenamiento especial- y la atención y el respeto al cliente, era algo excepcional.

Había muchos comercios grandes, ferreterías como *Feíto y Cabezón* en la calle Reina.

En Monte había una casa muy grande que vendía efectos electrodomésticos, *"Matalo".* Otras calles comerciales eran Obispo, O'Reilly, Lamparilla etc. Muralla estaba llena de almacenes de telas, sedería, cintas, hilos, eran de cubanos y hebreos. Yo tenía una quincalla y una peletería en Matanzas y todas las semanas iba a La Habana a buscar mercancía al Callejón de El Cristo. En la Calle Bernaza había una cantidad de perfumerías tremenda. La calle Teniente Rey era casi toda de almacenes de pieles. Había un almacén que se llamaba *El Estribo*, otro era *La Cubana* y así.

Había más de veinte o treinta comercios de pieles y calzados. En Teniente Rey y Amargura, había otro muy conocido, *La Orensana,* fue uno de los primeros que hubo aquí.

La Habana era un emporio comercial y a cualquiera le era fácil conseguir cualquier tipo de mercancía. Cuba estaba más adelantada en ese aspecto que muchos estados aquí hoy y el peso cubano tenía el mismo valor del dólar americano.

En la Calzada de Diez de Octubre había más de diez peleterías, estaba *La Estrella, Pierrot,* de los hermanos José y Germán Pulido, en la esquina de Toyo. La peletería *El Cañón,* en el Callejón de Luyanó, después seguía *Cleopatra, Capri, La América* que era de unos Isleños.

Y por ahí seguía hasta el paradero de la Víbora donde había una peletería que se llamaba *La Elegante.* La Calzada 10 de Octubre era una de las calzadas más lindas y concurridas de La Habana, había muchas casas de empeño también. Tenía un comercio muy sólido. En la Plazoleta de Agua Dulce, en la Calle San Joaquín, estaba *El Zorro*, que se especializaba en uniformes de todo tipo, el dueño era Isidro Fernández, ellos mismos los hacían y también vendían muchos zapatos.

La *Manzana de Gómez*, era colosal, con cinco pisos, tenía siete peleterías y treinta y dos comercios de todo tipo. Allí estaba *Peerless* sastrería y moda masculina, *Orbe y Havana Sport,* para caballeros también. Las peleterías *La Bomba, La Libertad, El Pasaje, La Exposición,* casas de pieles, sombrererías, sastrerías como *El Sol,* la sastrería de los trajes anatómicos y fotométricos, *El Gallo, El Dandy.* También se encontraba allí la peletería *El Lazo de Oro.*

En el Paseo del Prado había muchos comercios y hoteles, oficinas de Líneas Aéreas, estaba la famosa tienda *El Machetazo, La Casa Prado* que regalaba una guayabera todas las semanas y para eso, había que encontrar "al hombre de La Casa Prado".

Volviendo a Matanzas, era la ciudad más linda del mundo, muy culta y valiente, tiene una topografía muy llana, allí estaba el teatro Sauto, una maravilla. Había 28 peleterías.

La Reina, que era mía, *La Democracia, Miami, La Isla, Budapest, La Criolla y California* entre otras, con zapatos de altura. Matanzas era la primera productora de calzado en Cuba. En Colón había siete hoteles y muchos comercios, las peleterías *La Francia, Pinocho, La Casa Grande, La República* y muchas más. Matanzas era, zapatos y soga con la fábrica de Jarcia además de la Rayonera, era una provincia que iba progresando, allí teníamos la Playa de Varadero mundialmente conocida, el Valle de Yumurí, las Cuevas de Bellamar. El conocido trencito de Hershey que hacía 52 paradas, muchas veces yo iba en él a La Habana, era eléctrico, muy limpio

La Manzana de Gómez (1910), está ubicada entre las calles Zulueta, Neptuno, San Rafael y Monserrate.

Peerless Sastrería y Moda Masculina

y cómodo. Matanzas tenía fábricas de calzado grandes y chiquitas, a estas últimas, les decían chinchales. Fernando del Valle tenía tres peleterías en la *Manzana de Gómez, El Dandy, La Exposición y La Libertad* y una fábrica de zapatos en Matanzas que producía 600 pares diarios, todos los equipos los llevó de aquí de los Estados Unidos y tenía una clientela tremenda. También teníamos la *Destilería Arechabala* que producía el Ron Havana Club entre otros. Yo viajaba también a Güines en la provincia de La Habana, a Güines le decían "el huerto de Cuba". Era un pueblo rico porque producía mucho tomate, verduras, tenía como quince restaurantes, *La Esquina de Tejas, El Globo, El Plaza* etc. así como hoteles y como quince peleterías que solo vendían zapatos, no es fácil porque en los pueblos chiquitos hay que tener tiendas mixtas que vendan de todo. Era un pueblo muy bonito con su parque y su iglesia dentro del parque.

La calle Máximo Gómez era muy famosa, las calles comerciales eran Clemente Fernández y San Julián. Yo conocía a Güines tanto como a Matanzas porque iba mucho allá. En Güines había tres centrales azucareros y el río *Mayabeque*, un pueblo muy próspero con cines, teatros, había como siete clínicas y más de quince farmacias. Las bodegas eran como almacenes, más de cuarenta fábricas de refrescos y se consumían allí, *Cawy, Materva, Royal Crown, Orange Crush, Coca Cola, Champan Sport, Irombeer,* etc. Güines tenía una economía muy sólida.

Y de regreso a La Habana, aquellas florerías de la calle Monte, las de Reina y Amistad, eran una belleza, la *Acera del Louvre,* los *Aires Libres,* aquellas orquestas de mujeres entre otras, La Anacaona, que animaban las noches habaneras…¿qué más puedo decir?

* N.R. CRIC. *Comisión Reguladora de la Industria del Calzado,* era un Organismo integrado por industriales y obreros de la Industria del Calzado Cubano, protegía a más de 50,000 obreros, cuidando de que los mismos percibieran los salarios adecuados que señalaban las leyes, así como que fueran cumplidas todas las regulaciones legales respecto a higiene y previsión legal pertinente. A la par, protegía a más de 1,000 fabricantes de calzados legalmente establecidos impidiendo la competencia desleal y el clandestinaje que tanto perjuicio podía traer a la Industria. También protegía el zapato hecho en Cuba, se estableció el Sello de Garantía y se les rebajó el impuesto a los industriales.

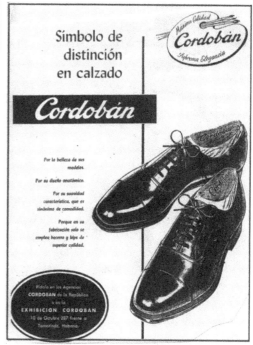
99

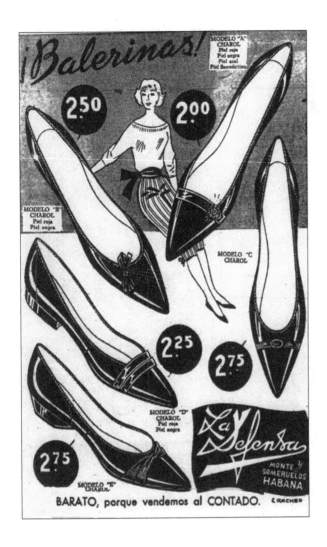

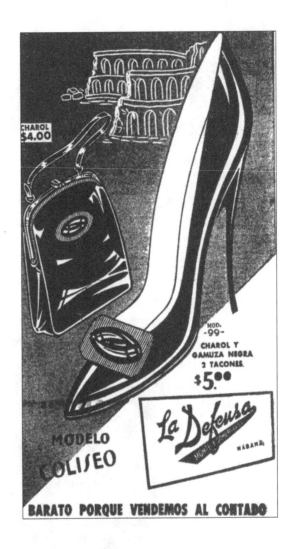

Arquitecto Gustavo Moreno López
Medalla de Oro 1950.

Sears Roebuck and Co. S.A.

Calle Reina y Amistad, La Habana. Con sucursales
en Marianao-La Copa. Santa Clara, Sancti Spíritus,
Cienfuegos, Holguín y Santiago de Cuba.

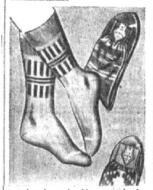

Las Noches Habaneras de la Gente Sencilla

Noches de invierno y de verano.

Melchor Rodríguez García

Las noches de verano entre semana, cuando los habaneros no tenían más que diez centavos para la ida y la vuelta en el tranvía primero y en la guagua después, eran sus noches de vidrieras. Mirar vidrieras todas bellamente iluminadas y repletas de cada especialidad, la de zapatos, cuidadosamente colocados, las de ropa femenina con sus elegantes maniquíes que daban la impresión de ser mujeres reales, las de ropa masculina que semejaban a caballeros bien vestidos. Muebles perfectamente situados en *la Muebleria La Moda* de la calle Galiano, que daban la sensación de habitaciones en una residencia. Las de víveres finos, las de útiles para el hogar. Vidrieras llenas de electrodomésticos tan necesarios en la vida moderna. Los *Ten Cents* (F.W.Woolworth), llenos de tantísimas cosas tan baratas, el de la calle Monte, el de Galiano y San Rafael. Vidrieras con bebidas nacionales e importadas. Caminar Neptuno, Galiano, San Rafael, todo grandemente iluminado. Subir por Prado desde Malecón, el Centro Andaluz, el Centro Arabe, el Hotel Inglaterra, la Acera del Louvre, el Centro Gallego, los jardines del Capitolio Nacional. No podemos olvidar el Parque de La Fraternidad, la Fuente de la India, los Cafés al aire libre. Por Prado hacia abajo, El Parque Central, el Centro de Dependientes, el Cine Negrete, el más largo y estrecho de La Habana, el Teatro Fausto, el Hotel Sevilla Biltmore, el edificio donde estuvo la estación de radio RHC Cadena Azul y en los bajos la Agencia de automóviles Packard. Ya en el malecón, la brisa del mar. Seguimos el recorrido y encontramos el Monumento a los Estudiantes de Medicina, el Castillo de La Punta, El Morro, La Cabaña, el Castillo de la Fuerza con su foso . Una vez allí, la pausa obligada, sentarse en el muro a recibir aire puro y saturado de salitre en pleno rostro. Ya el sábado y el domingo con algún dinero en el bolsillo, cambiaba el programa. Podía invitar a la novia a un cine con aire acondicionado, al Payret en el Paseo del Prado o al América de la calle Galiano y algún tiempo después, al Cinerama en el Teatro Radiocentro de L y 23. A la salida del cine, ir al Camagüey a comprar unas buenas frutas o al Anón del Prado para tomar helados o la cafetería del propio cine para tomar un batido de leche malteada. Como actividad diurna, recuerdo las Jornadas de Verano de los empleados del Comercio, los martes y jueves, media jornada de trabajo. A las doce del dia salíamos disparados y para ganar tiempo, no íbamos a almorzar a la casa, comíamos cualquier cosa en una fonda de chinos y como las playas del Este quedaban un poco distantes, pues ahí estaban las de La Concha, en Marianao y a gozar de lo lindo. En el invierno, el Dia de los Fieles Difuntos, cuando iban a ver a Don Juan Tenorio por Otto Sirgo en el ya citado Cine América, terminaban allí mismo en la cafetería. Era el momento del sandwich, la media noche o la galletica preparada, siempre de acuerdo al presupuesto semanal. ¡Ah! Y la buena taza de chocolate bien caliente con churros. La hora no importaba, las guaguas pasaban cada cinco minutos hasta la hora de la confronta, que era la última guagua de la agonizante madrugada, casi al amanecer.

El Encanto, Galiano y
San Rafael.

Diseño de Christian Dior

Orbe, Manzana de
Gómez.

Albión, Galiano y
Dragones.

Peletería California,
Galiano 465.
Arquitectos Silverio Bosch
y Mario Romanach.

Sastrería Oscar, San Rafael 213.

Flogar, 1956. Galiano y San Rafael.
Arquitectos Silverio Bosch y Mario
Romanach.

Lámparas Quesada, Infanta y San Lázaro.

Los Reyes llegan el martes por la noche

Ya disponen de muy poco tiempo, para complacer generosamente a todos los niños de Cuba. "ULTRA", colaborando con la gran tarea que tienen que realizar los Reyes, anuncia que permanecerá ABIERTA el próximo martes hasta las 11 de la noche.

ALMACENES **Ultra**

Casa Central REINA frente a GALIANO
Sucursal NEPTUNO y SAN NICOLAS

¡Ya es Navidad en El Encanto!

JUGUETERIA **MARTE Y BELONA**

AMISTAD Y ESTRELLA TEL. ML-1855

¿Cómo se divertirán el Miércoles si los Reyes les hacen estos Regalos?

Fin de Siglo

Columpio de portal en fina madera escogida en tres tamaños, de $18.00; $22.00 y $24.50

Motoneta para niños de 2 a 4 años, de hierro decorado en rojo o azul con su cámara al frente para las mandadas, montadas las tres ruedas en conos de bolas y con catalina en los pedales, $21.50, rebajadas a $17.95

Tenemos: Arbolitos Naturales Refrigerados. Corcho para Nacimiento a 40 centavos la libra. Papel Roca a 20 centavos el pliego.

LA SECCION X

Obispo 407 • REGALOS Y JUGUETES • Tlf. ML-1772

UNIVERSAL CYCLE

M. FRANQUIZ

DISTRIBUIDORES DE LAS BICICLETAS:

UNIVERSAL CYCLE

COLUMBIA   GORIKE

MODELO R5
5-8981

AMISTAD   Y   BARCELONA

"Cuba tenía un Sistema de Educación con Principios, con Respeto, con Ética".

Dra. Moravia Capó. Pedagoga.

Con más de cincuenta años dedicados a la enseñanza entre Cuba, Estados Unidos y Nicaragua, la doctora Moravia Capó es un vivo ejemplo de la alta preparación de la Escuela Normal y del sistema educacional de Cuba antes de 1959.

"La educación en Cuba estaba a la vanguardia de la América Latina. Como maestra normalista yo no podía dar clases en el kindergarten porque para eso estaban los maestros especializados en ese nivel. Tampoco podía trabajar como Maestra Hogarista, las clases de corte y costura las tenía que impartir una maestra graduada de la Escuela del Hogar.

Se respetaban todos los aspectos. El Bachillerato tenía una preparación extraordinaria. Eran cuatro años y al llegar al quinto, podías escoger, Ciencias, Letras o hacerlas las dos juntas. Yo escogí las dos".

"Era tan importante la educación en la ciudad, como en el campo. Ese maestro cubano que tenía que atravesar un río a caballo y a veces, quedarse a dormir allí mismo en una hamaca, trabajar a la luz de una lamparita de gas, o luchar con el padre de algún niño porque no quería dejarlo ir a la escuela, para que lo ayudara en el campo. Y aquel maestro se comprometía a llevarse al niño para enseñarlo a leer y a escribir y por la tarde, lo llevaba otra vez a su casa para que ayudara en las labores del campo".

"Fue muy importante el maestro rural en nuestros campos de Cuba y la preparación que tenía era de primera. En aquellos tiempos, cuando nos graduábamos, teníamos que comenzar por el campo y por escalafón, ir subiendo hasta llegar a ser maestros en el pueblo".

"Y para ser Director, había que pasar por todas las aulas, la educación en Cuba era de capacitación. Los viernes era el Dia del Beso de la Patria, se izaba la bandera y se recitaban poemas patrióticos. Cuba tenía una educación completa, con principios, con respeto, con ética".

- En 1960 la UNESCO reconocía a Cuba como el único país latinoamericano donde todos sus maestros tenían títulos de las Escuelas Normales o Universitarios, nivel éste que había alcanzado desde el año 1940. Esos títulos se obtuvieron mucho antes de 1959.

- Según el *Anuario Estadístico de las Naciones Unidas de 1959*, Cuba tenía 3.8 estudiantes universitarios por cada 1,000 habitantes, situándola en el primer lugar

UNIFORMES ESCOLARES EN SU TIENDA FAVORITA.

Lucen más...

entallan mejor...

cuestan menos...

Son Uniformes hechos en nuestros talleres, con el mismo esmero y cuidado que los encargados a la medida

SAINT GEORGE:
Blusa blanca de linón, desde 1.95. Jumper de luana prusia con monograma, desde 6.50. Cinturón, 1.25

EDISON:
Uniforme de poplín blanco, con monograma, hebillas y botones de nácar, desde 7.50

URSULINAS y MERICY:
Blusa de multifilamento blanco, botones de nácar, desde 4.95. Saya de crepé romano, desde 8.95

BALDOR:
Uniforme de poplín blanco, con monograma, hebilla y botones de nácar, desde 7.50

DOMINICAS AMERICANAS:
Saya de gabardina negra con tirantes, desde 7.95. Blusa blanca con alforzas y encaje, desde 2.45

Para hacerle más cómodo el pago de las habilitaciones de Colegio gustosos les concederemos las mayores facilidades. Solicite detalles.

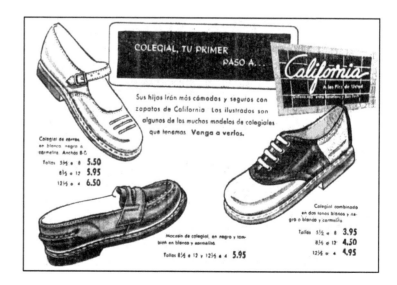

junto con Argentina, Uruguay y México. La media en el resto de América Latina era de 2.6. Más de 50 mil hombres y mujeres eran educadores graduados de los Colegios Profesionales establecidos por la Ley.

- En Cuba funcionaban 30,000 aulas primarias con más de 34,000 maestros. La matrícula ascendía a 1.300,000 alumnos.
- La educación privada representada por más de mil escuelas, servía a más de 200,000 alumnos, bajo la orientación oficial del Estado.
- La alta calidad de los textos preparados por autores cubanos y editados en Cuba, era reconocida en toda Latinoamérica, donde eran utilizados en los niveles primarios, secundarios y universitarios. En *1959 el Ministro de Economía* reconocía que la exportación de libros ascendía a $10.000,000 en divisas.

- Cuba ocupaba la posición número 35 entre 136 países analizados con un porcentaje de su población calculado entre el 75 y el 80 %, en capacidad de leer y escribir, igual que Chile y Costa Rica y superado solamente por Argentina (85 % al 90 %) y Uruguay (80% al 85 %).
- El *Desayuno Escolar* fue instituido en Cuba en el año 1913 por la señora Mariana Sera, esposa del general Mario García Menocal durante su mandato como Presidente de la República y comenzó el 9 de mayo de 1913 en la Escuela Pública # 30 de La Habana.

- En 1958 Cuba tenía 114 instituciones de *Educación Superior* por debajo del nivel universitario, entre ellas se encontraban las *Escuelas Politécnicas, Institutos Tecnológicos, Escuelas Profesionales,* las cuales eran financiadas por el gobierno. Había *Escuelas Vocacionales de Bellas Artes, Pintura, Música, Escuelas de Dibujo*, de *Agricultura* donde se formaban nuestros jóvenes.

- La *Escuela de Artes y Oficios* fue inaugurada el 1ro. de marzo de 1906 por iniciativa del compositor cubano Gaspar Villate Montes, quien en su testamento suscrito en París, dispuso que sus bienes fuesen administrados por la *Sociedad Económica de Amigos del País*, con el fin de establecer y organizar la Fundación del Maestro Villate, esto sirvió para dar educación y formación a centenares de niños de escasos recursos.

- La *Escuela de Pintura y Artes Plásticas, San Alejandro*, fue inaugurada en 1818.
- Cuba era en 1958, según *América en Cifras* de la Unión Panamericana, el país de América Latina con el mayor presupuesto dedicado a la educación.

Colegio
Hermanos
Maristas

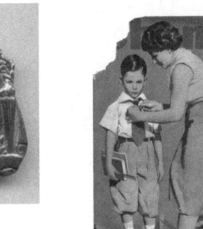

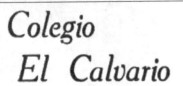

¡Qué Calor!

¡Santa Maria del Mar.... Guanabo…
Varadero…!

116

Calle San Rafael hacia Prado

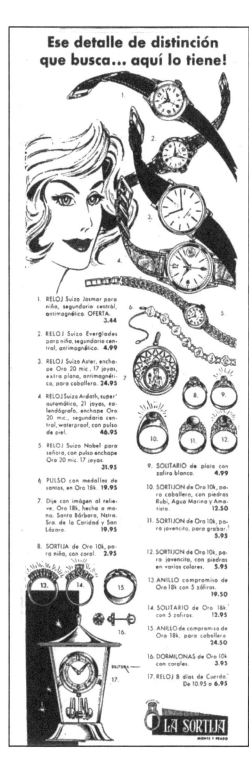

Ese detalle de distinción que busca... aquí lo tiene!

1. RELOJ Suizo Josmar para niño, segundario central, antimagnético. OFERTA. **3.44**

2. RELOJ Suizo Everglades para niña, segundario central, antimagnético. **4.99**

3. RELOJ Suizo Aster, enchape Oro 20 mic., 17 joyas, extra plano, antimagnético, para caballero. **24.95**

4. RELOJ Suizo Ardath, super automático, 21 joyas, calendógrafo, enchape Oro 20 mic., segundario central, waterproof, con pulso de piel. **46.95**

5. RELOJ Suizo Nobel para señora, con pulso enchape Oro 20 mic. 17 joyas. **31.95**

6. PULSO con medallas de santos, en Oro 18k. **19.95**

7. Dije con imágen al relieve. Oro 18k, hecho a mano. Santa Bárbara, Nstra. Sra. de la Caridad y San Lázaro. **19.95**

8. SORTIJA de Oro 10k, para niña, con coral. **2.95**

9. SOLITARIO de plata con zafiro blanco. **4.99**

10. SORTIJON de Oro 10k, para caballero, con piedras Rubí, Agua Marina y Amatista. **12.50**

11. SORTIJON de Oro 10k, para jovencita, para grabar. **5.95**

12. SORTIJON de Oro 10k, para jovencito, con piedras en varios colores. **5.95**

13. ANILLO compromiso de Oro 18k con 5 zafiros. **19.50**

14. SOLITARIO de Oro 18k con 5 zafiros. **12.95**

15. ANILLO de compromiso de Oro 18k, para caballero. **24.50**

16. DORMILONAS de Oro 10k con corales. **3.95**

17. RELOJ 8 días de Cuerda. De 10.95 a **6.95**

LA SORTIJA
MONTE Y PRADO

Esa Joya que Ud. Prefiere...

Chantilli
JOYEROS

SAN RAFAEL 257
TELÉFONO ML-0090
LA HABANA

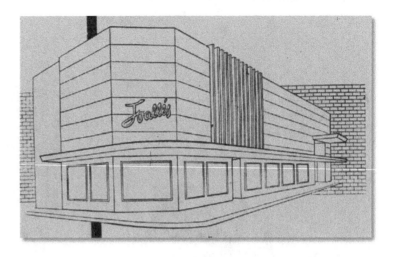

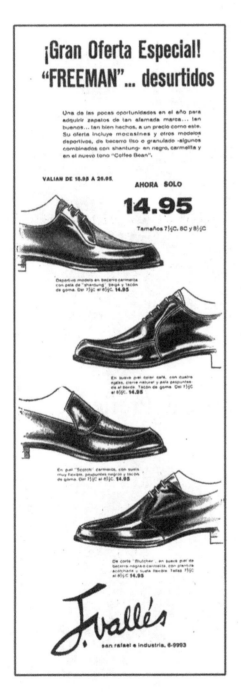

Solo para Caballeros...

120

A las próximas fiestas usted deberá ir de etiqueta formal o semiformal

1. CAMISA de etiqueta Arrow, importada, en hilo con pechera lisa de pliegues anchos. Tallas del 14 al 18, *9.95*

2. SASH de lustroso tejido, *4.50*

3. LACITOS negros de faya, hechos o para hacer, *1.00.* Lazos blancos para frac, *2.00*

7. CALCETINES de nylon en tejido muy fino, con refuerzos, *2.25*

8. TIRANTES en suave tejido elástico, blancos o negros, con tiras de piel, *3.75*

9. CAMISA de excelente piqué Arrow importada, con la pechera lisa de alforcitas. Tallas del 14 al 17½, *9.50*

10. SMOKING en ligero tropical de rayón para jovencitos. Del 15 al 18, regulares y stout, *45.00*

11. ZAPATOS Valle's, exclusivos, en becerro negro, con suela y tacón arrimado. Del 6 al 11, en anchos C y D, *21.50*

12. PAÑUELOS franceses de hilo, con orilla a mano, *3.50*

13. BOTONADURA de novedoso diseño, en fino metal dorado, con placa estriada en tono gris nacarado. *10.50*

J. Vallés

san rafael e industria, 6-9993

¡NO DIGA QUE NO TIENE AUTO...!

122

Por el mismo precio de los automóviles de inferior categoría

USTED SI PUEDE TENER UN **BUICK**

VAILLANT *Motors*

Ni gigante, ni enano... Ni ostentoso, ni pobretón.
PERFECTO CORRECTO

BUICK LE SABRE

Su carro del 59 es un Buick Le Sabre

Por la elegancia de sus líneas y sus lujosos interiores, nadie adivinaría que el Buick Le Sabre es un carro esencialmente práctico... un carro económico al comprarlo y al mantenerlo! Haga la prueba y quedará convencido!

Tenga un carro espacioso...

económico como un carro de inferior categoría...

y elegante como todo un Buick!

Véalo en:

VAILLANT *Motors*

Radiocentro
23 y M
25 y Hospital
Kohly, a la entrada
del puente de 23.

Cadillac
1959

He aquí la obra cumbre de una larga estirpe de soberbios automóviles —la más elocuente expresión de la supremacía del Cadillac Sus nuevas y atrevidas líneas de gracia y belleza, su más baja silueta, su nuevo parabrisas de vista panorámica, su nuevo y atractivo diseño interior y exterior, lo distinguen de todos los demás automóviles. La comodidad, amplitud, suavidad y seguridad de este Cadillac entre los Cadillacs, es un tributo a lo mejor del mundo en experiencia técnica automovilística, y lo más esmerado en artesanía Le invitamos a ver a inspeccionar a descubrir, el nuevo Cadillac para 1959"

Visite **AMBAR MOTORS CORP.**
23 E INFANTA, VEDADO

AMBAR MOTORS CENTRO TECNICO
VIA BLANCA

O CUALQUIERA DE SUS AGENCIAS

124

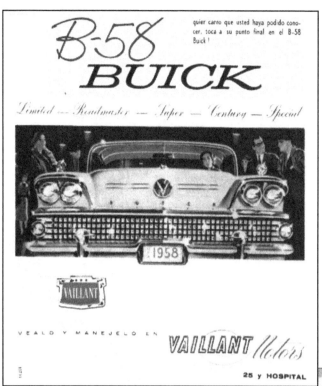

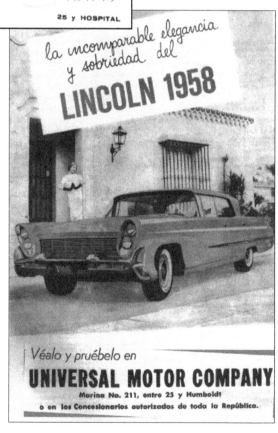

La Familia Real

**EXCLUSIVOS ASIENTOS GIRATORIOS
QUE HACEN QUE SEAN LOS AUTOMOVILES
MODERNOS MAS FACILES
PARA ENTRAR O SALIR DE ELLOS...**

Estos nuevos y maravillosos asientos giran sin esfuerzo
alguno como el elegante sillón de una oficina
para facilitarle las entradas y salidas, y
mientras usted conduce permanecen fijos. Pueden
ajustarse hacia arriba, abajo, adelante y atrás. Los
asientos giratorios están disponibles como
equipo reglamentario u opcional en la mayoría de los
automóviles de la Visión *Futurista* del 59.

del Automovilismo

**PLYMOUTH
DODGE
DE SOTO
CHRYSLER
IMPERIAL**

¡LOS MAS DESTACADOS AUTOMOVILES DEL 59!

La singular belleza de estos automóviles los distingue (así como al que los conduce) en cualquier camino.

Pero lo que en realidad los destaca aún más es su manera de funcionar. Con conducirlos solamente una vez usted reconocerá la diferencia de su alta calidad ingenieril.

Son los únicos con controles a botones, dirección hidráulica "Constant-Control" para virajes sin esfuerzo alguno en todo momento, Asientos Giratorios que viran para que pueda usted entrar y salir, la famosa suspensión Torsion-Aire que hace que la conducción aún sobre caminos ásperos sea suave y nivelada, y muchas otras características sobresalientes.

Condúzcalos esta misma semana. Compruebe por sí mismo la razón por la cual estos automóviles—Plymouth, Dodge, De Soto, Chrysler e Imperial—de la Familia Real del Automovilismo—son en realidad los más destacados automóviles del 59.

 CHRYSLER INTERNATIONAL, S. A.

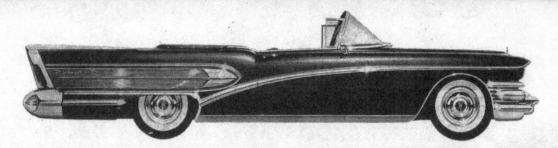

Villoldo Motor Co. Calzada y 12.
Vedado.

Santé Motors, Humboldt 9. Marina y 25.Vedado.

130

EL '57 ES DE BUICK

BUICK '57 el carro más codiciado por su deslumbrante elegancia y maravilloso funcionamiento.

BUICK '57 con su nuevo motor V8 de 300 H. P., su nuevo Dynaflow instantáneo y sus 300 innovaciones... le brinda una nueva sensación de lujo, de confort y de seguridad, como jamás se había experimentado en automovilismo.

BUICK '57 *la nueva dimensión de lo perfecto!*

VEALO EN

VAILLANT *Motors*

La Vida es Color de Rosa...

CON UN FORD 1957

Distribuidores Autorizados:

Pinar del Río:
H. MIJARES Y CIA.

Las Villas
ORIA Y MORO

La Habana
"EL RELAMPAGO"

La Habana
NATIONAL MOTOR COMPANY

Matanzas
ROGELIO CABRERA

Camagüey:
AUTOMOVILES SILVANO, S. A.

Oriente:
AUTOS ROS, S. A.

133

Historia de la "Casa Bacardí"

José Argamasilla Bacardí
Vice-Presidente y Director de Relaciones Públicas
en los Estados Unidos de la Compañia Bacardí.

Mi nombre es José Argamasilla Bacardí, pero todos me conocen por Tito. Soy el Vice-Presidente de Bacardí en los Estados Unidos de Norteamérica para Relaciones Públicas. Mi agradecimiento a los miembros del Instituto Cultural Hispano-Americano del Koubek Center por esta invitación.

Hoy les voy a hablar sobre la historia de la Casa Bacardí desde sus comienzos humildes hasta el presente. Todo comenzó el 4 de febrero de 1862 en el entonces poblado de Santiago de Cuba, cuando Don Facundo Barcardí Masó, mi tatarabuelo, perfeccionó un proceso para fermentar, destilar y mezclar desde la melaza de caña, un ron puro, agradable al paladar y que antes de ese proceso le llamaban aguardiente o "agua de fuego" por los efectos de su primitiva elaboración.

En esa fecha, Don Facundo compró una pequeña destilería en Santiago de Cuba por 3,500 pesos, donde creó por primera vez una bebida alcohólica distinta a las que existían en aquella época: el Ron Bacardí. Esta nueva bebida se popularizó en corto tiempo y comenzó a ganar reconocimiento mundial al ganar varias medalla de oro en exposiciones universales. Algunas de estas medallas se pueden ver en nuestras etiquetas.Aunque algo más se puede ver en ellas: el famoso murciélago.

Edificio Bacardí, 1930.Monserrate y San Juan de Dios.
Arquitectos Esteban Rodríguez Castells y José Menéndez y Menéndez.

En aquel tiempo no muchos sabían leer y escribir, asi que Don Facundo buscó un simbolo que sus clientes pudieran reconocer facilmente. Su esposa Amalia, le sugirió usar el simbolo del murciélago debido a la gran cantidad de éstos que habitaban en la pequeña destilería. Una vez que Don Facundo empezó a imprimir el murciélago en las etiquetas de su ron, los consumidores a través de la Isla comenzaron a pedir "el ron del murciélago".

A pesar de las interrupciones producidas por las varias guerras de independencia de Cuba, la

Compañia Bacardí sobrevive sus primeros años; es más, fue en esta época que el ron Bacardí se empieza a conocer fuera de Cuba. En el año 1876 el ron Bacardí gana su primera medalla de oro en la exposición centenaria de Filadelfia. En 1877 Don Facundo se retira y entrega la dirección de la empresa a sus hijos Emilio y Facundo. Dos años después ambos hermanos son arrestados por sus actividades revolucionarias. Emilio es enviado a una prisión Española en el norte de Africa.

En 1883 Emilio regresa a Cuba y su hermano menor, José, se une al negocio. Antes de finalizar el siglo, tres eventos importantes le dieron reconocimiento a Bacardí fuera de Cuba. El primero ocurrió en 1888 cuando Bacardí gana otra medalla de oro en la exposición universal de Barcelona y otra en la exposición universal de Paris en 1889. Además, sucedió que el futuro Rey de España, Alfonso XIII, se encontraba en un estado delicado de salud bajo la influencia de un ataque de gripe, los médicos de la Casa Real le recomendaron una pequeña dósis de ron Bacardi como estimulante, recuperándose el enfermo.Desde entonces se reconoce al ron Bacardí como "el Ron de los Reyes" y el "Rey de los Rones". En reconocimiento, la reina Regente Maria Cristina de Borbón, otorgó el permiso a Bacardí para usar el Escudo Real en las etiquetas de sus productos.

Comienza la Guerra de Independencia cubana. Don Emilio Bacardí es el tesorero del grupo revolucionario en Santiago de Cuba. Su hijo, Emilio Bacardí Lay se une a las fuerzas rebeldes a la edad de 17 años. Emilio Bacardí es arrestado y enviado a prisión en Africa del Norte.

Su esposa Elvira continúa con los esfuerzos conspirativos. Después de cierto tiempo, Don Emilio regresa del exilio como un héroe y es designado Alcalde de Santiago de Cuba en 1899.

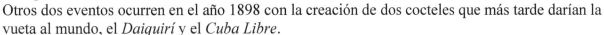

Después de la Guerra Cubano Hispano Americana, Bacardí se comienza a conocer internacionalmente, la Compañia se expande para hacerle frente a la demanda y se registra e incorpora el nombre "Bacardí" como marca de fábrica.

Otros dos eventos ocurren en el año 1898 con la creación de dos cocteles que más tarde darían la vueta al mundo, el *Daiquirí* y el *Cuba Libre*.

El *Daiquiri*, lo creó un ingeniero americano que trabajaba en las *Minas de Daiquirí* y que se llamaba Jennis Scott. En ese año ya había terminado la Guerra y al recibir Scott visitas y solo tener Bacardí en su casa, lo mezcló con hielo, azúcar y limón, lo batió y de ahi salió el famoso Daiquirí. Y el *Cuba Libre* nació en La Habana el mismo año, cuando un Capitán del Ejército Norteamericano por primera vez, mezcló el Bacardí con Coca Cola y limón. Gustó tanto a los militares que brindaron por la nueva República y por Cuba Libre y por eso llamaron así a ese cocktail.

En ese período es cuando el Ron Bacardi es producido y embotellado fuera de Cuba, en Barcelona y más tarde en Estados Unidos. Al llegar la Ley seca a este país, los norteamericanos viajaban a Cuba y asi comienza la era de los cocteles con Ron Bacardí. Muere Don Emilio Bacardí en 1922. Se construye el edificio Bacardí en La Habana, ganando premios por su diseño. En 1927 Bacardí se diversifica con otro producto que no era ron, cuando se elaboró la primera botella de cerveza Hatuey con el famoso cacique en la etiqueta la cual todavía se puede encontrar en el Mercado.

En los años cincuenta continúa la expansión de Bacardí hasta octubre 14 de 1960 cuando el gobierno comunista de Cuba confisca mas de 300 compañias, Bacardí fue una de ellas. Antes de ese año, Bacardí pudo transferir su marca registrada a las Bahamas y gracias a eso el gobierno cubano no pudo confiscar nuestro nombre. Después de perder a Cuba, Bacardí se reconstruye y comienza la expansión global. Se abren nuevas destilerías en Puerto Rico, México, Brasil, Bahamas, Canada y España para producir el ron Bacardí internacionalmente.
El 1978 el ron Bacardí se convierte en la bebida alcohólica de más venta en los Estados Unidos y en 1981 en la de mayor venta en el mundo.
Hoy la Compañia Bacardí es muy diversa y cuenta con mas de 250 productos. Ron, vermouth, whisky escocés, ginebra, cordiales, cerveza y muchas otras cosas, todo en el departamento de licores. Como les dije al principio, Bacardí nació en Santiago de Cuba en 1862 . Hoy mas de 250 productos son vendidos en todo el mundo en más de 155 países, con operaciones en 45 y ventas sobre 80 millones de cajas anualmente con doce botellas cada una que representan 3 billones de dólares anuales.

En la actualidad somos la tercera compañía licorera más grande del mundo y la primera de licores que es controlada por una sola familia en el mundo.
Para finalizar, quisiera decirles que Bacardí es una evolución que comienza con un hombre y una idea. Al principio fue una palabra sonora de tres sílabas perseguida muy de cerca por la historia.

Era un apellido familiar que estaba destinado a pronunciarse en todos los idiomas cuando nuestro fundador, Don Facundo Bacardí Masó, le dio su nombre al producto, cuya magnifica calidad supieron mantener y superar sus descendientes.

Otras naciones mucho más poderosas por su territorio, número de habitantes y economía, no han logrado fabricar un producto de tanta aceptación mundial como para que aparezca en las enciclopedias y diccionarios del orbe. En ese amplio mundo de palabras, está Bacardí, mostrando el reconocimiento universal que ningún otro producto similar haya recibido jamás.
Espero que Uds. compatriotas y amigos, hayan disfrutado de esta historia. Muchas gracias.

Fuente: Gaceta Hispánica del Norte, Julio-agosto 2001.

Consta de dos plantas con una capacidad total de 1887 lunetas.

Cine Teatro Rodi inaugurado el 17 de noviembre de 1952, 1887 lunetas. Línea y A, Vedado. Arquitectos F. Martínez Campos y Pascual Rojas.

También teníamos los Auto Cines como el Auto Cine de Vento con capacidad para 800 autos, el de Tarará y el Autopista Novia del Mediodía con capacidad para 500 autos cada uno.

Cine Atlantic 23 y 12, Vedado. 1,400 lunetas.

Escalera principal de Terrazo.

CINE TEATROS DE CUBA EN 1958

544   Cine-Teatros para un total de 5, 829,029 habitantes.

Fuente: Anuario Cinematográfico y Radial Cubano 1958	Cine-Teatros	Habitantes
Provincia de Pinar del Río	44	448,422
Ciudad de La Habana y Marianao	131	1,017,341
Provincia de La Habana	56	1,538,803
(sin incluir La Ciudad de La Habana y Marianao)		
Provincia de Matanzas	46	395,780
Provincia de La Villas	96	1,030,162
Provincia de Camagüey	59	618,256
Provincia de Oriente	113	1,797,606

ACAPULCO
Ave. 26, Nuevo Ved. Tel. 3-8673.
Desde las 4:00 LA CENICIENTA, producción de Walt Disney; (4:00, 7:00 y 10:00) TARZAN Y LA DIABLESA, por Lex Barker y CARTONES, Luneta y mezzanine, $1.00. Mañana: El mismo programa.

ACTUALIDADES
Monserrate 262. Tel. 8-7431
Desde las 3:00, YO Y ELLAS EN PARIS, por Tony Curtis y Janet Leight; CREPUSCULO DE LOS DIOSES, por Rod Hudson y Cyd Charisse. Asuntos Cortos. (Prog. en cinemascope). Mañana: El mismo programa.

ALAMEDA
Santa Catalina. Tel. 40-1400
Desde las 4:30, EL QUE DEBE MORIR, cinemascope, por Jean Servais y Nicole Berger; SE LEVANTA EL VIENTO, por Mylene Demongeot y Curt Jergens. Asuntos Cortos. Luneta 80. Balc. 50. (Prohibido para menores). Mañana: El mismo programa.

ALKAZAR
Consulado y Virtudes. Tel. 5-6609
Desde las 4:30, LA BARRERA DEL FUEGO, por Arthur Franz y Kathleen Crowley; LA RUTA DE LOS TEMERARIOS, cinemascope, por Victor Mature y Elaine Stewart. Asuntos Cortos. Luneta 60. Balc. 50. Tert. 30. (Prohibido para menores). Mañana: El mismo programa.

AMBAR
14 y 15, Vedado. Tel. 3-4094.
Desde las 4:15 y 8:15, UN CRIMEN POR HORA, por Jack Hawkins y Dianne Foster; LA NOCHE DEL FIN DEL MUNDO, por Kathryn Grant y William Leslie. Asuntos Cortos. Luneta 50. Niños y balc. 30. Mañana: Aladino y la Lámpara Maravillosa y El Desafío de Rin Tin Tin.

AMBASSADOR
Calle 14, N. del Campo. Tl. 2-7997
Desde las 4:30, MANIQUIES DE PARIS, cinemascope, por Madeleine Robinson e Ivan Desny; SE LEVANTA EL VIENTO, por Mylene Demongeot y Curt Jergens. Asuntos Cortos. Luneta 80. Balc. 50. (Prohibido para menores). Mañana: El mismo programa.

AMERICA
Galiano y Concordia. Tel. 6-2332
Desde las 3:00, Asuntos Cortos. A las 3:20, 6:30 y 10:00, FURIA DE PASIONES, vistavisión, por Anna Magnani y Anthony Franciosa. A las 4:50 y 8:00, QUE DICHOSA MUCHACHA, cinemascope, por Brigitte Bardot y Jean Bretoniene. Mayores $1.00. (No apta para menores). Mañana: El mismo programa.

ARENAL
Ave. 41 No. 3,904. Tel. 2-5515
Desde las 4:30, DEFIENDO MI AMOR, por Martine Carol y Gabrielle Ferzetti; PRIMAVERA OTOÑO Y AMOR, por Fernandel y Nicole Berger. Asuntos Cortos. Mayores $1.00. Balc. 50 cts. (Prohibido para menores). Mañana: El mismo programa.

ARTE Y CINEMA (La Rampa)
23 y O. Tel. 7-6146
Desde las 4:30, DEFIENDO MI AMOR, por Martine Carol y Gabrielle Ferzetti; LASTIMA QUE SEA TAN CANALLA, por Sofía Loren y Vittorio de Sica. Asuntos Cortos. Entrada 1.00. (Prohibido para menores). Mañana: El mismo programa.

INFANTA
Avenida Menocal. Tel. 7-3700
Desde las 4:00, EL PUENTE SOBRE EL RIO KWAI, cinemascope, por William Holden y Alec Guinness; CHA CHA CHA PUM, con las orquestas de Pérez Prado y Luis Alvarez. Asuntos Cortos. Luneta 80. Niños y balc. 50. Mañana: El mismo programa.

CITY HALL
Ayestarán 410 esq. a San Pablo
Teléfono: 70-6600.
Desde las 4:30, LA CIMA DEL MUNDO, documental en colores. AVENTURAS DE PULGARCITO, cinemascope, por Russ Tamblyn y Alan Young. Asuntos Cortos. Luneta 70, Niños y balc. 50. Mañana: El mismo programa.

CONTINENTAL
Calzara re San Miguel del Padrón
Desde las 4:30, DUELO EN LA NOCHE, por Joel McCrea; YO ACUSO, por José Ferrer y BOULEVARD DE PASIONES, por Mickey Rooney. Asuntos Cortos. Luneta 25. Balc. 15 y 20. (Prohibido para menores). Mañana: Clamor de Tambores y Testigo de Cargo.

DUPLEX
San Rafael 162. Tel. 5-0507
Desde la 1:00, LA INDISCRETA, por Ingrid Bergman, Cary Grant y Ann Todd. Se exhibe con Noticieros y Cartón. — Mañana: El mismo programa.

FAVORITO
Belascoaín y Peñalver. Tel. 7-2650
Desde las 4:30, PASAPORTE A LA TRAICION, por Rod Cameron y Lois Maxwell; SOY CULPABLE, por Kay Kandall y César Romero. Asuntos Cortos. Luneta 50, Tert. 30. (Prohibido para menores). Mañana: El mismo programa.

FOXA
Edificio Foxa Calle M
Desde las 4:30 NORMAN DIPLOMATICO, por Norman Wislow y Mary Ure; EL VIENTO NO SE BE LEER, vistavisión, por Dick Bogarde y Yoko Tana. Asuntos Cortos. Luneta 70 cts. y $1.00. Mañana: El mismo programa.

FLORIDA
Plaza de Agua Dulce. Tel. 9-4649
Desde las 4:30, PASAPORTE A LA TRAICION, por Ror Cameron y Lois Maxwell; SOY CULPABLE, por Key Kendall y César Romero. Asuntos Cortos. Luneta 50. Balc. 70. (Prohibido para menores). Mañana: El mismo programa.

GRAN TEATRO
Real y Santa Isabel. Tel. 20-3659
Desde las 4:20 y 8:15, BUENOS DIAS TRISTEZA, por Deborah Kerr y David Niven; ARMAS DE MUJER, por Brigitte Bardot y Alida Valli. Asuntos Cortos. (Prog. en cinemascope). Luneta 40. Balc. 30. (Prohibido para menores). Mañana: La Bella de Cádiz y Bebé a Bordo.

LOS ANGELES
J. Delgado 61 y 63. Tel. 4-8070
Desde las 4:15, DOS EVAS TIENE ADAN, por Clifton Webb y Dorothy McGuire; EL DIA "D", por Robert Taylor y Dana Wynter. Asuntos Cortos. (Prog. en cinemascope). Luneta 80. Balc. 50. Mañana: El mismo programa.

NACIONAL
Prado y S. Rafael. Tel. 5-6796
Desde las 3:30, REQUIEBRO, por Carmen Sevilla y Asuntos Cortos. En escena, a las 5:45 y 8:15, SHOW, con la presentación de ANTONIO MOLINA, Carmen Florido, Mario Babarrón y la pareja de Rocío y Toledano, con un gran conjunto. Orq. Armando Romeu. Luneta $1.00. Tert. 50 cts. Mañana: El mismo programa.

NEGRETE
Prado y Trocadero. Tel. 6-5096
Desde las 4:15, MI ESPOSA ME COMPRENDE, por Marga López y Arturo de Córdova; ¿A DONDE VAN NUESTROS HIJOS?, por Dolores del Río y Victor Junco. Asuntos Cortos. Luneta 50 cts. (Prohibido para menores). Mañana: El mismo programa.

NEPTUNO
Neptuno 410 esq. a Perseverancia
Desde la 1:00, EL JOVEN EXTRAÑO, por James McArthuh; NOCHE CANDENTE, por Leslie Nielsen y DEMONIOS SUBMARINOS, cinemascope, por Dan Daley. Asuntos Cortos. Mayores 30. (Prohibido para menores). Mañana: Noches del Decameron y 20 Mil Leguas de Viaje Submarino.

PALACE
Belascoaín 159. Tel. 7-1661
Desde las 4:45, DIEZ MIL DORMITORIOS, por Dean Martin y Ana María Alberghetti; MARINERO NO TE METAS EN EL AGUA, por Glenn Ford y Gia Scala. Asuntos Cortos. Caballeros 40. Balc. 25. Damas y niños 20. Mañana: Cielo de Cobre y La Posada de la Sexta Felicidad.

PAYRET
Prado y San José. Tel. 5-6167
Desde las 3:30, SORTILEGIO DE AMOR, cinemascope, por James Stewart y Kim Novak; BESTIAS DE LA CIUDAD, por Lee J. Cobb y Gia Scala. Asuntos Cortos. Mayores $1.00. (Prohibido para menores). Mañana: Dos Evas Tiene Adán y Canje en la Noche.

Arte y
Cinema
La
Rampa.
1955.

Cine Teatro
América.
1941.

Puertas de Cristal Tallado de los Cines Rex
Cinema y Dúplex. Arquitecto Luis Bonich.
San Rafael y Amistad.

Cine Dúplex, 550 butacas. Escalera, Arquitecto Luis Bonich. La fachada de los cines
Dúplex y Rex Cinema estaba cubierta con mármol de Georgia.

Cine Rex Cinema, 650 localidades. Vestíbulo, Arquitecto Luis Bonich.

Gran Teatro Blanquita

Teatro Blanquita. 1949. Avenida 1ra. y calle 10. Miramar.

El Teatro Blanquita fue inaugurado en 1949 con 6,750 asientos, 500 más, que el Radio City Music Hall de New York, considerado en aquel momento el mayor del mundo. Estos asientos estaban distribuídos entre la platea y los balcones, además de 60 palcos con una visibilidad perfecta. Tenía un escenario listo para ofrecer óperas, teatro clásico y popular, asi como shows de variedades, cine y musicales. Once kilómetros de cañerías permitían congelar el escenario para espectáculos sobre hielo. Innumerables compañías de los Estados Unidos llevaban sus shows a La Habana cada año durante la temporada de Navidades. Contaba además con un espacio entre el público y el escenario para una orquesta de 150 profesores, cafetería para 200 personas y una sala de conciertos. Ocho rutas de ómnibus tenían parada en la misma puerta. Este impresionante Teatro fue construído por el entonces senador Alfredo Hornedo como homenaje a su desaparecida esposa, Blanquita Maruri. Estrellas internacionales del momento fueron presentadas en su escenario como, Agustín Lara, Liberace, José Mojica, etc.

Teatro: En 1924 actuaron en La Habana más de quince compañías teatrales, constituyendo el gran acontecimiento del año, la Compañía de Operetas de Julián Santa Cruz, durante nueve meses consecutivos a teatro lleno con cartelitos que decían "No hay localidades". La estrella de esa Compañía era Eugenia Zuffoli.

Teatro Sauto de Matanzas. En 1860, se colocó la primera piedra del edificio del Teatro Esteban, conocido más tarde como Teatro Sauto de Matanzas. En 1863, fecha en que se terminó el teatro, la población de Matanzas era de unos quince mil habitantes. Todo el edificio fue construído en piedras de cantería. Los pisos eran de mármol blanco y algunos en negro. El pórtico medía 22 pies de alto por 11 de ancho. Una majestuosa escalera, once lámparas de gas de dos, cinco y nueve luces, dos grandes espejos y adornos de la época de Luis XV. El teatro tenía cuatro pisos y capacidad para 2,000 personas. Un amplio escenario de 95 pies de ancho y 73 de fondo con un movimiento mecánico a la altura de los mejores de Europa. Contaba además con 20 camerinos, dos salones para coristas y dos salones extra para vestuario y distintos usos. Los faroles y las lámparas fueron traídos de Paris y los muebles eran tallados. Fue inaugurado el 6 de abril de 1863 a las 7 de la noche.

Teatro Terry de Cienfuegos. La primera piedra para la construcción del teatro fue colocada el 20 de diciembre de 1887, quedando inaugurado el 12 de febrero de 1890 con la Compañia de Zarzuelas Españolas de Eugenio Azcue. Enrico Caruso y Sarah Bernhard fueron presentados en ese teatro situado frente al Parque Martí.

Fuente Luminosa, izq. Ciudad Deportiva ,1955-1957. Vía Blanca y Avenida de Rancho Boyeros. Arquitectos, Nicolás Arroyo y Gabriela Menéndez.

Palacio de Convenciones y Deportes, 1944. Malecón y Paseo. Vedado

Las Ferias Ganaderas

La Feria Internacional de Ganadería de Rancho Boyeros tenía lugar de febrero a marzo en el Parque Nacional de Ferias y Exposiciones de Rancho Boyeros, donde se presentaba ganadería de Estados Unidos y Canada, rodeos y competencias hípicas su Reina y las Damas de la Exposición.

También rodeos al estilo de los vaqueros norteamericanos con figuras del extranjero y del patio. Competencias de caballos de paso, de andares, trote, también se vestían a la usanza árabe, criolla, tejana, etc. Además de los vistosos American Sheltand Pony. Las exposiciones también traían exhibiciones de avicultura, cunicultura y trabajos artesanales de las campesinas. Era un entretenimiento para toda la familia.

Parque Zoológico de La Habana. Venaditos.
Grupo Familiar, 1947, creación de la artista cubana
Rita Longa.

Parque Zoológico de La Habana, 1943. Avenida 26, Reparto Kohly. Nuevo Vedado.
Arquitecto Antonio Quintana.

La Cebra

El Elefante

"La Década de los 50's en el Baseball, fue Grandiosa".

Felo Ramirez
Cronista Deportivo

Específicamente en el baseball, fue grandiosa. Hubo una cantidad de jugadores importados para los cuatro equipos que luego brillaron en las Grandes Ligas. Hubo uno que no se cansó de dar palos en Cuba y ese fue *Rocky Nelson*, primera base del Club Almendares, después no dio la talla en las Grandes Ligas y volvió a Cuba y nadie ha hablado más de él.

Esa década, fue maravillosa y esa la disfruté yo, porque yo empecé en el año 1945, transmitía la pelota amateur por Radio Salas, en esa época a la pelota profesional nadie iba, esa gente jugaba por una basura y los *amateurs* eran los que llenaban el Stadium. Ya en 1946, la gente empezaba a fijarse en la pelota profesional y en ese mismo año pasé del Stadium de La Tropical para el del Cerro. Mi primera Serie Mundial fue en 1951. Fue ahi ya cuando empecé con Gaspar Pumarejo.

Ver a Martin Dihigo, a Bragaña, después surgieron los Miñosos, los Sculls, los Amorós, Regino Otero en primera base, él se pasó un montón de años en la Ligas Menores bateando y la única vez que lo suben, es porque un pelotero de Chicago, que era un monstruo -creo que se partió un brazo- no se que le pasó y va Regino a sustituirlo y no llegó al mes, pero bateó casi 500 en Grandes Ligas, ese año fue Chicago a la Serie Mundial pero no pudieron utilizarlo a él porque no llevaba el mes completo que requería el reglamento de las Grandes Ligas para tener derecho a la Serie Mundial.

Esos son fenómenos del baseball. Un hombre que no podía con el bate sin embargo, se despachó en grande. En primera base, era espectacular.

Yo le organicé un homenaje por sugerencia de un fanático de Camagüey y lo invitamos a que viniera. Regino era un especialista en ese tipo de tiro de corte abierto, se acostaba y dejaba las puntas de las zapatillas en la almohadilla.

Cuba dio un Joseíto Rodríguez que dicen que era un fenómeno, yo no lo vi jugar nunca. Miguelito de la Oz, pelotero cubano que fue el más brillante Triple AAA, ese año lo subieron a las Grandes Ligas y en el siguiente año, fue *short stop* del Cleveland.

Cuando hablamos de Martin Dihigo, estamos hablando de la figura cumbre del *baseball*. Había muchos jugadores que se han distinguido en varias posiciones, pero Dihigo las jugaba todas como una estrella que era, fuera de liga. Yo narré juegos de él en el pitcheo hasta en el *Stadium* nuevo y los domingos pitcheaba contra Bragaña- que era otro fenómeno-, y el cronista Eladio Secades hizo una crónica sobre él, sobre Dihigo, que decía que…"los fanáticos que pasaban en tranvía cerca de Stadium, podían oir el sonido de la mascota del *catcher* cuando Dihigo tiraba su recta."

Sandy Amorós, en la Serie Mundial de 1955 fue el gran Héroe porque esa jugada de él, significó realmente la victoria en la Serie Mundial que es el evento cumbre en el *baseball*. El fue la figura de esa Serie Mundial. Era muy difícil para los *Dodgers* ganarle a los *yanquis,* ellos estaban envueltos en la Serie Mundial a cada rato pero no la ganaban, fue una Serie Mundial, espectacular.

Cuando Adolfo Luke tenía 43 años de edad estaba pitcheando en los Gigantes, en esa época en la Serie Mundial de 1933, Schumacher, que era un zurdo estelarísimo de los Gigantes, fue el que abrió el juego, se complicó el *inning* y entró Luke a *pitchear*, juego decisivo de la Serie Mundial. Pitcheó 4 1/3 *innings* sin permitir carreras, ponchó a cuatro o cinco y fue la figura cumbre y el juego decisivo, ganó la Serie Mundial a los 43 años de edad.

O sea, que Adolfo Luke merecía estar en el *Hall de la Fama*, no está porque no llegó a ganar 200 partidos, pero las cosas que Luke hizo, esas 27 victorias en ese año 1923. El latino que más juegos ha ganado, el único que se le acercó, fue Marichal, que ganó 26.

Ningún latino los ha ganado, Luke perdió 9 y un promedio tremendo de carreras limpias. Si en aquella época, el campeonato de *pitcher* se hubiera decidido por las carreras limpias como ahora, Adolfo Luke hubiera sido campeón *pitcher*, tres veces porque tuvo un promedio de carreras limpias insuperables, por encima de todo el mundo.

Todos tienen su historia, Conrado Marrero, fue un verdadero fenómeno, Limonar le dio un *"no Hit no Run"* a La Habana. La calidad de los peloteros cubanos era tal, que todas las figuras importantes del *Baseball Amateur* se convirtieron en profesionales, llegaron a las Grandes Ligas, casi todos, la mayoría. Sandalio Consuegra llegó a ganar 16 juegos en una temporada con una o dos derrotas con el equipo de Chicago.

En el *baseball* cubano, Camilo Pascual gana 13 juegos en una temporada y pierde cinco. Camilo fue una Gloria nuestra, ganó dos veces 20 juegos y 21 en las Grandes Ligas. Tres años seguidos líder en ponches en las Grandes Ligas Americanas.

Pedro Ramos otro *pitcher* estelar, gana 12 y pierde 3, promedio de carreras limpias 3.04, eso no existe en el *baseball* ya. Tuvo una época muy buena y es el que más victorias tuvo en Cuba, más que Camilo Pascual, eso tu se lo dices a la gente y nadie lo cree, pero los números, están ahí. Hubo temporadas en que ganó 15 y Pedro 13 y otras en que Pedro ganó 15 y Camilo 14. Pedro

Ramos corría mucho y lo usaban a cada rato de corredor. Una vez cuando Pedro estaba pitcheando en el equipo de Washington, el palo mas grande que se ha dado en el *Yanqui Stadium* se lo dio Mickey Mantle a Pedro, un batazo que llegó a la corniza del último piso del *right field*, otro gran corredor era el propio Mickey Mantle, hay facetas en su vida que nadie conoce, pero nadie corrió más que él...

El guajiro Peña, Orlando, en 1958, gana 16 juegos y pierde 3 y un promedio de carreras limpias de menos de dos. Brilló en las Grandes Ligas donde estuvo por por diez años. Scull bateó 370 en una temporada y hubo una temporada que el pitcheo era tan grande, que el único que bateó 300 y fue campeón bate, fue Tony Taylor con 301, los demás, menos de 300.

Orestes Miñoso, era un peloterazo tremendo, cuando empezó a jugar, jugaba tercera y paraba las bolas con el pecho, era un guante malo, un pelotero con una clase de colorido y de coraje, increíble. Es inadmisible que Miñoso no esté en el Hall de la Fama.

Miñoso fue el primer negro en el equipo de Chicago con una historia impresionante en las Grandes Ligas, estaba en los 300 y pico pero en la última temporada, se cayó, bateó 297-298. El primer negro en las Grandes Ligas, pudo haber sido Silvio García, era *short stop*, ya al final, fue tercera base, pero tenía un brazo que daba miedo verlo tirar, como Willy Miranda, pero Willy era delgado.

Yo tuve la suerte de ver un pelotero que hizo historia en las Grandes Ligas, Tony Oliva, que no está en el *Hall de la Fama* por lo que le pasó. El debut de Tony Oliva en las Grandes Ligas, lo firmó Joe Cambria, fue *champion bate* en la segunda temporada y en la tercera por un punto perdió y el año en que se lastimó, ganó tres campeonatos de bateo y estaba bateando 380 y pico en el mes de julio, fue una línea que dio Joe Rudy, el *left field* de Oakland, el vino corriendo hacia adelante cuando sufrió la caída sobre sus rodillas, lo operaron pero no quedó bien y así y todo, ese año bateó 337 y fue campeón bate por tercera vez, jugando ya casi sin poder caminar y fue tanto el sufrimiento por el problema ese, que él era *coach* de Minnesota y no pudo seguir porque no se podía sostener en pie. En estos tiempos no hubiera tenido esos problemas. Y nunca se pudo reponer.

Otro pelotero que no podemos dejar de mencionar es Héctor Rodríguez, la mejor 3ra. base del mundo, fue tan grande Héctor Rodríguez, que en las Grandes Ligas, fue más lo que bateó que lo que 'fildeó'. En Toronto, en la Triple A fue el mejor *short stop* y en la siguiente temporada el mejor *center field* de esa Liga. En

Clubes de *béisbol* en Cuba.
De izq. a der. Habana, Almendares,
Cienfuegos y Marianao.

la temporada de invierno iban muchas estrellas americanas a jugar a La Habana, todos los peloteros americanos querían jugar en Cuba, figuras ilustres del *baseball,* a ellos les encantaba porque en Cuba se jugaba en el mismo *Stadium* siempre y no todos los días. Había juegos todos los días, pero los cuatro equipos, solamente jugaban los cuatro, el domingo.

Y vivían en Miramar a todo dar.

Babe Ruth jugó en Cuba, en la década del 20, en el Almendares Park - donde se encuentra hoy la Terminal de Omnibus - fue reforzando un team que hizo alguien grande en el *baseball* con el nombre de los Gigantes, eso era toda la ciudad metida allí, todo el mundo quería verlo y lo poncharon tres veces, así que los que fueron a ver a Babe Ruth metiendo *Home Run*, lo vieron poncharse. Uno de los ponches se lo dio Cristóbal Torriente, el bateador con más fuerza que dio Cuba, él también pitcheaba, los peloteros de aquella época, lo jugaban todo.

Babe Ruth, era tremendo *pitcher,* en seis temporadas con Boston ganó 94 juegos y perdió más de cuarenta, un promedio tremendo de carreras limpias. Después lo vendieron a los yanquis, la cumbre del *baseball* se llamaba Babe Ruth. El sueldo máximo de él en la historia del juego, fue de $ 80,000 dólares, Joe DiMaggio, $125.000 y Ted Williams, por ahí más o menos. Y esas eran las luminarias del *baseball*.

Mike González fue un gran *catcher,* pero no un gran bateador, era de Regla. Yo creo que no hemos tenido un tipo más inteligente en el *baseball* como manager- aparte de que él no ceoncebía que se hablara con él otra cosa que no fuera *baseball*- era genial.

El record de *home run* en Cuba lo tenía Roberto Ortíz con 15, bueno, Low Klain pelotero norteamericano jugando en Cuba, rompió el record, hizo 16 y en aquellos tiempos era muy difícil meter uno porque el *Stadium de La Tropical,* era como una finca, enorme y la bola era de trapo no era como las de ahora que son más vivas y las distancias son mas cortas también y la técnica de bateo se ha desarrollado en una forma tremenda.

Otro pelotero destacado era Agapito Figueroa, invicto en la Serie del Caribe de 1949.

Son muchos los peloteros que merecen ser recordados.

Es increíble que Orestes Miñoso no esté en el Hall de la Fama. Yo pertenezco al Comité de Veteranos y voto por él, por Oliva, por Cuéllar, toda esa gente debía estar allí, Luis Tiant. Eran números increíbles con la particularidad de la clase de atletas que eran.

Oriental Park, Hipódromo de Marianao, inaugurado en 1915.

Jockey Triunfador Rinaldo Padrón
de Cuba.1956.

"...en el Oriental Park, teníamos
carreras de caballos... y de galgos
en el Cinódromo de Marianao.
Tres canchas de Jai-Alai en La
Habana, carreras de autos,
boleras. En béisbol y boxeo,
teníamos a los mejores..."

Edificio Someillán, 1957. Calle O # 2, esq. a 17. Vedado. Arquitecto Fernando R. Castro 30 pisos.

Edificio F.O.C.S.A ,1956. Calles 17, M, 19 y N. Vedado, 39 pisos.
Arquitectos Ernesto Gómez Sampera y Martín Domínguez. Ingeniero Luis Sáenz Duplace.

**COLOCA A CUBA EN LA
PRIMERA POSICION HOTELERA Y TURISTICA DEL MUNDO**

Ubicado en la manzana que comprende las calles L, 23, M y 25. Vedado. 30 pisos, 630 habitaciones, 42 suites, 22 millones de pesos. Inaugurado en febrero de 1958. Arquitectos Proyectistas Welton Becket y Asociados. Arquitectos Nicolás Arroyo y Gabriela Menéndez.

El Emblemático Edificio Alaska, 1926.
Cinco Pisos, 51 apartamentos. M y 23, Vedado.
Primer plano (izq.). Se fue derrumbando internamente por
falta de mantenimiento. Fue demolido en la década del
2000.

Edificio del Retiro Médico, 1958. 23 y M, Vedado. Arquitecto Antonio Quintana

Vista aérea del Vedado. Hotel Havana Riviera, 1957(izq). Malecón y Paseo. Palacio de Convenciones y Deportes, 1944, (centro). Edificios de Propiedad Horizontal (der).

medalla de oro
1956
Quintana, Rubio, Pérez-Beato,
Arquitectos

Edificio del Retiro Odontológico, 1956.
Calle L entre 23 y 21. Vedado. Arquitectos,
Quintana, Rubio y Pérez-Beato. Medalla de
Oro 1956.

Hotel Presidente, 1927. Calzada esq. a Ave. de
los Presidentes. Vedado. Arquitecto Eduardo
Tella.

Hotel Habana Deauville, 1958. 143 habitaciones, piscina
con agua del mar renovable, 24 cabañas. Malecón y
Galiano. Arquitecto, Antonio M. Moleón.

Edificio Partagás, 1954. Calle 23 y 16, Vedado.
Arquitectos Max Borges Jr. y Enrique Borges.

159

Plaza Civica

Monumento a José Martí, 1958.
Escultor Juan José Sicre. Arquitecto
Jorge Luis Varela.

Palacio de Justicia, 1957. Diseño José Pérez Benitoa.
Arquitecto Constructor Max Borges Jr.

Biblioteca Nacional José Martí,
1957. Arquitectos Govantes y
Cavarrocas.

Palacio Municipal, 1958.
Arquitectos Govantes y Cavarrocas.

Ministerio de Comunicaciones, 1954.
Arquitectos Ernesto Gómez Sampera y Martín
Domínguez.

Terminal de Ómnibus de La Habana, 1951.
Arquitectos Moenck y Quintana.

161

Tribunal de Cuentas, 1953.
Arquitecto Aquiles Capablanca.
Medalla de Oro 1954.

Renta de la Lotería ,1958. Arquitecto Lorenzo Gómez
Fantoli.

Teatro Nacional, 1958.
Arquitectos Nicolás Arroyo y Gabriela Menéndez.

Capitolio Nacional de Cuba

Vista aérea del Capitolio Nacional, inaugurado el 20 de mayo de 1929. Ocupa un área comprendida entre las calles Paseo del Prado, San José, Industria y Dragones. Arquitectos, Evelio Govantes y Félix Cavarrocas.

Los Puestos de Fritas

María Argelia Vizcaíno

Una de las tradiciones de la Cuba de ayer, ha sido la humilde Frita. El Puesto de Frita, consistía en un pequeño quiosco o local portátil como un carro de los que venden en Estados Unidos los "hot dogs" o perros calientes, con sus ruedas, su techo, un fregadero con su agua y espuma para fregar. Un paño limpio para secarse las manos, un fogón con una olla grande con abundante manteca, para freir. Además de las papas rellenas, croquetas, minutas de pescado, frituras de bacalao, de malanga, bollitos de carita así como tortillas de huevo al gusto, boniatos, papas, mariquitas, todo a la orden. La especialidad era la frita cocinada a la plancha, que servían en un pan cubano redondo o pan suave de Toyo (que también era redondo) como el que se usa en las hamburguesas, se le ponía en una tapa del pan las cebollitas crudas bien picaditas y en la otra un poco de "ketchup" con papitas fritas a la juliana.

En la década de 1950, todo eso costaba $0.10 centavos, otro bocadito de importancia que vendían en estos lugares era el pan con bisté, que costaba $0.20 centavos y que incluía igualmente cebollitas y papitas fritas (nunca tomate ni lechuga que solo había en Cuba en temporadas de cosecha) y se servía con pan cubano. Lo más curioso es que este bocadito tan "socorrido" como dice el veterano escritor Fausto Miranda, jamás se vendió en cafeterías, ni fondas, ni restaurantes, era exclusivo de sus Puestos y éstos se estacionaban principalmente en las afueras de una cafetería o de una fonda y todos, inexplicablemente, sobrevivían. El secreto consistía tal vez, en que después de una frita, hay que tomar algo y la mejor combinación era un batido de frutas que hacían en la cafetería conjunta o una champola o una malta Hatuey, quizás una cerveza. Había algunos puestos de fritas que se hacían famosos por su sabor y por su higiene. En mi pueblo, Guanabacoa, se decía que el mejor estaba a la salida del cine *Carral* que al dueño le apodaban, *el Colorao*, y que junto a sus hermanos tenían otros dos puestos (uno en el *Parque Las Madres* y otro en *Las Cuatro Esquinas*, delante del restaurant *Los Morales*).Mi hermano me recuerda el Puesto del Quimico en la esquina de Coco y Palo Blanco. He leído que Fausto Miranda (en El Nuevo Herald, 26 de febrero de 1994), nombraba los Puestos de Frita a la salida del Cabaret Pennsylvania en la Playa de Marianao o el Niche Night Club, aquel centro de la avenida de Zapata y Paseo en el Vedado, pero asegura que "la frita cubana, tenía especialistas cocineros en la Playa", después de divertirse toda la noche, la frita bien caliente y cocinada era lo obligado. Por lo que entiendo que estos Puestos estaban abiertos casi las 24 horas del dia. Mi padre me ha contado que el Mercado Unico de La Habana, estaba lleno de lugares donde se comía bien y barato, allí también había alrededor de 40 Puestos de Frita. Y no es para menos, si en un lugar menos concurrido como la famosa Cuatro Esquinas de mi pueblo (en Palo Blanco y Corral Falso) hubo temporadas de tener de 4 a 6 puestos de fritas.

Si en los años capitalistas la comida de las fondas de chinos, fue llamada "el pito de auxilio", la Frita fue el "tente en pie" de los trasnochadores, de los trabajadores apurados y gracias a ella, nadie se acostaba sin comer.

Calle 23 y 12. Vedado

Malecón y Calle Línea. Vedado.

165

Edificio Ámbar Motors Corp. 23 e Infanta, La Rampa, Vedado. Construido por la afamada firma Purdy & Anderson. Arquitectos, Julio Díaz Horta y Raúl Portela.

Centro Comercial La Rampa, 1951. Calle 23 entre Infanta y P. Vedado. Arquitecto, Rafael de Cárdenas,

El Centro Comercial "La Rampa", fue inaugurado en 1951 con la idea de que los turistas hospedados en el Hotel Nacional, tuvieran acceso a las tiendas sin tener que desplazarse hasta Galiano y San Rafael, donde se agrupaban las más destacadas tiendas por departamentos y otros comercios de prestigio, debido a que algunos estaban de paso y no disponían del tiempo suficiente. En esta magnifica instalación de mármol, cristales y aluminio, pronto abrieron sus puertas alrededor de cuarenta elegantes tiendas que constituían lo que hoy conocemos como un "Mall". Contaba con un área de parqueo con capacidad para 600 autos. Con el paso de los años, muchas oficinas de aerolíneas internacionales abríeron o trasladaron sus oficinas a este nuevo local. Los turistas que se hospedaban en los nuevos hoteles construídos en el área, se beneficiaron también de este moderno Centro Comercial que marcaba una nueva era de desarrollo, en esa zona tan concurrida de la Capital.

12 y 23. Vedado

trias flores
TELEFONOS:
32-1514
32-1824
12 No. 508
VEDADO 3-4338

VIVEROS
PESTONIT
ZAPATA Y CALLE 12 · VEDADO · Teléf. 3-3500

california flores
FLORES FINAS
DECORACION EN GENERAL
25 No. 1201
entre 10 y 12, Vedado
POR LA NOCHE
30-4486
30-1709

goyanes flores
EXPOSICION y VENTA
12 y 23
Cable: GOYANESFLO
3-3205
6135

FLORES
"LA ACACIA"
ESPECIALIDAD EN CORONAS,
COJINES Y FLORES FINAS
ORDENES DIA Y NOCHE
ZAPATA ENT. 10 Y 12   3-7166

LA DALIA
FLORES
FINAS
Formoso y Hno.
CALLE 12 No. 557,   3-4391
Entre ZAPATA y 23   2-2544

"LA VIOLETA"
"EL PENSIL"
DE
Juan Martínez Vivero
CONFIENOS SU ORDEN Y QUEDARA COMPLACIDO
23 No. 1158, ent. 10 y 12   3-3217
25 No. 1201 · Vedado   3-2833

JARDIN
La Hortensia
IGNACIO ROMERO
CALLE 12 No. 568 entre 23 y 25 · TEL. 3-5428
ORDENES DIA Y NOCHE

Cine Atlantic 23 y 12 Vedado

LA DIAMELA
FLORES
PADREDA e HIJOS
CALLE 12 No. 555 Entre 23 y 25
Vedado
3-2712   3-9457

JARDIN
"La Flor Cubana"
CALLE 12 Y 25 · VEDADO
TELEFONOS: 3-7033
3-2021   HABANA

ATLANTIC RICK BATTAGLIA SCHIAFFINO
ORLANDO Y LOS
PALADINES DE FRANCIA
Cinemascope Eastmancolor PROHIBIDA

Sevilla Gardens Corp
23 y 10
VEDADO   3-8832

CINE 23 y 12
23, entre 12 y 14, Vedado. · F-6906

"LA LONJA"
ESPECIALIDADES EN JAMONES EN
DULCE Y LUNCH EN GENERAL
23 y 8, VEDADO 3-6085

TRABAJOS ARTISTICOS:
ADORNOS DE IGLESIAS · CORSAGES · CORONAS · JARRAS
La Casa de las Flores
FLORES FINAS · ABIERTO DIA Y NOCHE
SENANDE Y LOZANO
EXPOSICION y VENTA:
12 No. 607 ent. 25 y Zapata-Vedado   3-6705

DOCE Y VEINTITRES
DOCE Y VEINTITRES
EL RESTAURANT QUE MEJOR SE COME
12 y 23   F-6067
VEDADO

TRIANA
DULCERIA Y PASTELERIA
CALLE 23 y 12
VEDADO   FO-4881

BAR-RESTAURANT 23 Y 18
23 y 18
ESPECIALIDAD EN BUFFETS
VEDADO   3-9343

El Florero

Melchor Rodríguez García

El florero típico, era uno cualquiera. Bastaba un aguacero de los de nuestro verano para que se pusiera en funciones. Podía ser un muchachito, un jóven y hasta un anciano. En cuanto escampaba, alrededor de las cinco de la tarde, salía a realizar la venta de nuestra flor nacional, la Mariposa, que vendía en puchas de a centavo. Después teníamos tres versiones del vendedor de flores, el florero que vendía en nuestro barrio, el que tenía su puesto en un portal de una calle céntrica y el florero establecido en un gran negocio de florería. Las grandes florerías, aparte de recepcionar las flores sembradas en el país, importaban también en algunas ocasiones, flores de Miami que a su vez las recibía de Colombia. Estas ocasiones podían ser el Dia de las Madres o la muerte de una gran figura nacional. También debido a un desastre en las siembras del país.

Del complaciente florero de nuestro barrio podemos decir, que traía las flores de la venta en una canasta de mimbre, a él también le hacían encargos, "oiga Florentino tráigame mañana una docena de Tulipanes, por favor" o "para el sábado un buen ramo de rosas Principe Negro". Conociendo el gusto de su clientela su canasta siempre estaba llena de esas flores.

Cuando el florero del barrio progresaba, a costa de su duro trabajo, cambiaba la canasta por una carretilla donde ponía sus flores en cubos con agua, logrando así una mejor conservación de la frágil mercancía.

El florero que tenía un puesto para la venta de flores, no deambulaba como aquel florero del barrio, él estaba estacionado al frente de sus flores colocadas en cubos con agua pegados a la pared para no obstrucionar el paso de los peatones que transitaban por los soportales.

El amable florero del Barrio.

Estos puestos estaban colocados en lugares muy estratégicos, había floreros en la calle Monte, frente a la zona de La Fraternidad, en la calle Reina, en los portales de Galiano, pero el lugar de mayor concentración de puestos de ventas de flores en nuestra Habana, estaba localizado en el Vedado, en la calle 12 desde la calle 23 hasta casi la misma entrada del Cementerio de Colón. Eran éstos los lugares con mayores posibilidades de realizar grandes ventas. También los había

Venta de flores frente al Capitolio.

en la misma calle 23 antes de llegar a 12.Los floreros establecidos en comercios no vivían solamente de la venta diaria de flores. Sus mayores ventas y ganancias, la obtenían de las ofrendas florales para el velorio de los difuntos. Había Coronas y Cojines, las primeras, montadas en un caballete de listones. A éstas se le ponía una cinta, de color morado generalmente, con el nombre del fallecido y después el de los familiares o amigos que las ordenaban. Antiguamente cuando el difunto era un menor o una mujer joven, las cintas eran blancas así como el ataúd y la carroza fúnebre. El florero es otro de los personajes incorporados a nuestro teatro vernáculo, muy bien representado en la zarzuela, su pregón es un clásico, tan clásico como el manicero de Rita Montaner. El Florero ha sido cantado por muy buenos tenores, Miguel de Grandy, Panchito Naya y Pedrito Fernández entre otros.

Flores a la venta en los portales del Palacio de Aldama.

Vendedores Ambulantes

María Argelia Vizcaíno

Soy parte de esa generación de cubanos muy afortunados que tuvo la oportunidad de conocer los últimos vestigios de la sociedad capitalista. A pesar de mi corta edad, que no me dejó saborear mucho tiempo de lo bueno que había en nuestro país, puedo darme por dichosa de haber conocido algo de esa Cuba de ayer que tanto añoraron y añoran nuestros padres y abuelos. Cuando cierro mis ojos para dar marcha atrás, más de cuarenta años, comienzo a sentir aquel tintineo inconfundible del entrechocar de las botellas de cristal que nos avisaba que muy pronto amanecería, era el lechero que nos dejaba en la puerta de la casa los litros que quisiéramos comprar y si por alguna casualidad se nos olvidaba poner el envase vacío afuera, ellos lo dejaban de todas maneras. Después, casi al despuntar el alba, pasaba el panadero y nos dejaba la flauta de pan cubano calientico que venía con su hebra de guano y envuelto en su papel para que no se contaminara. Seguidamente, empezaba un desfile de vendedores ambulantes que además de alegrar con sus cantos, daba movimiento al lugar mostrando la calidad laboriosa de nuestro pueblo. Un país donde el trabajo por cuenta propia era la mejor divisa para el progreso. Tuve la suerte de conocer aquellos carretones llenos de utensilios de lata como jarros, coladores y recogedores de basura que cambiaban por botellas.

El Lechero.

 Al tintorero que venía en su carro (una guaguita VW) a casa a buscar la ropa sucia que después traía limpia, almidonada y planchada, al mensajero de la farmacia que venía en bicicleta a traer las medicinas que le encargaban, al repartidor de periódicos, como el sociable y educado negrito ”Sagua” que en mi Guanabacoa querida, además vendía los viernes la revista Bohemia y muñequitos, el afilador de cuchillos y tijeras, con aquel silbato característico que nos avisaba su llegada, al limpiabotas a domicilio y a los que tenían su sillón en los portales de algún comercio céntrico y los serenos que cuidaban nuestro barrio, como Cruz y el Patatico Pablo. Para mi, lo mejor era aquel paso constante de vendedores de chucherías que enojaba tanto a mi mamá y no me los dejaba probar hasta que me comiera

El Heladero de Hatuey.

todo mi almuerzo, como el pirulero que traía los empalagosos *pirulíes* o el *carioquero* con sus cariocas en colores algo parecidas pero más duritas. El merenguero, que llevaba en su cabeza la vidriera, el heladero con un amplio surtido de sabores y marcas. Desde el que empujaba su carrito sonando su campanita hasta los que iban en triciclo o los del carretón halado por caballos. Los fruteros empujando su carretilla, los floreros y yerberos cargando su cesta redonda de mimbre. Los más abundantes o los que duraron más tiempo, fueron los granizaderos, que hasta nos aprendíamos el nombre de algunos, como *El Grani* y *Platanito Chino*, este último vendía "sabor checo" y el "platanito chino" de ahí su apodo. Cuando íbamos a la playa los veíamos a todos y también a los vendedores de mamoncillos, algodón azucarado y coco frio. Al caer la tarde, pasaban los tamaleros cargando aquella lata que tenía además de los tamales, un carbón encendido para mantenerlos calienticos. Igual hacían los maniseros que no se cómo se las arreglaban con el peso para no quemarse.También pude ver los repartidores de carbón con su carretilla de

El Granizadero del Barrio.

madera y los de hielo que los vendían en pedazos a los que no tenían refrigerador y que los guardaban en una especie de nevera insolada para conservar el agua fría todo el día. Y aquellos puestos de churros (como a la salida del Ten Cent) de Galiano, las guaraperas, las pollerías, las quincallas, los puestos de fritas. Tuve una linda estrella al poder saborear los helados de frutas que vendían en los puestos chinos, únicos en su clase. Creo que fui de los últimos niños en conocer el Día de los Reyes Magos, en tener un buen médico que me visitara en la casa como el Dr. Carranza, en ser intervenida quirúrgicamente en una clínica particular del Vedado llamada Nuestra Señora del Pilar, por el doctor Eduardo Devén, que por tres pesos cubanos mensuales,

mi madre (que me acompañaba) y yo, tuvimos cuatro días cada cual en su cama, con su comida incluída sin pagar nada extra. Con esa cantidad, se cubría parte de las cirugías y cualquier tipo de hospitalización, las visitas al médico y los especialistas, igualmente a cualquier tipo de pruebas y todas las medicinas recetadas. Pobre de los cubanos que nacieron un poco después que yo, porque a mí me queda un ligero recuerdo al que me aferro desde las puntas de un velo, como si fuera la túnica de un ángel al que me agarro con fuerza para que no se me escape en un rápido vuelo sin regreso.

Escobas, Plumeros, Recogedores...

Amolador de Tijeras.

Calle Galiano casi esquina a San Miguel en un día de lluvia. .

Vegetales y frutas frescas.

¡Llegó el frutero!

¡Cualquiera sale!

173

Calle La Merced. La Habana.

Vendedor ambulante de frutas y viandas
en La Habana Vieja.

Monte y Prado

174

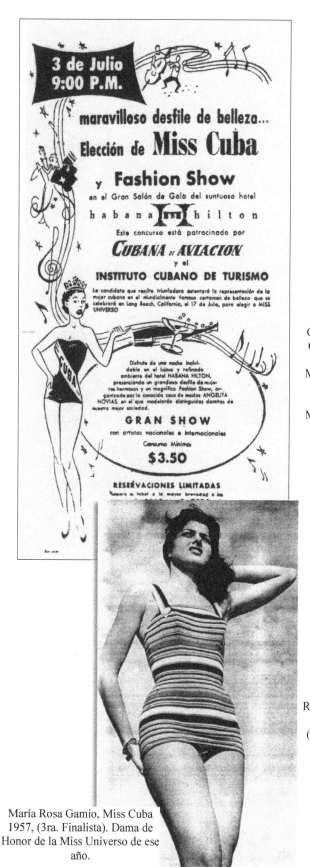

Gilda Marín Miss Cuba 1955 (semi finalista) en el Miss Universo del mismo año. Y en el Miss Mundo 1955 (3ra. finalista.)

Marcia Rodríguez, Miss Cuba 1956. (Semifinalista) en el Miss Universo del mismo año.

María Rosa Gamio, Miss Cuba 1957, (3ra. Finalista). Dama de Honor de la Miss Universo de ese año.

Carnaval de La Habana.

La primera Reina del Carnaval de La Habana fue Ramona García, coronada el 24 de febrero de

Ramona I, 1908.

1908. En la década de los 50's, los Carnavales de La Habana eran patrocinados por la Corporación Nacional de Turismo y se celebraban durante los meses de febrero-marzo. Casi siempre la elección de la Reina y sus Damas se efectuaba entre más de cien concursantes en el Palacio de Convenciones y Deportes o en el Anfiteatro de la Avenida del Puerto. Cada Sindicato de trabajadores enviaba su candidata. El jurado estaba compuesto por un fotógrafo, un escultor, un coreógrafo, un pintor, un diseñador o modisto y uno o dos periodistas. En esta elección se tomaba en cuenta tanto la elegancia como el porte de la aspirante, modales y atractivo en general, se elegía a la Reina y a sus seis Damas de Honor y las otras pasaban a formar parte de las carrozas, generalmente patrocinadas por prestigiosas firmas comerciales así como de arte y espectáculos que tomarían parte en el desfile. Eran cuatro domingos de paseo para carrozas y cuatro sábados destinados a las comparsas. Una vez elegida la reina, se llevaba a cabo el baile donde sería coronada casi siempre por el alcalde o alguna figura representativa. También desfilaban con las carrozas, autos convertibles o descapotables bellamente engalanados. Las carrozas eran vistosamente decoradas y llevaban música en vivo a cargo de populares orquestas. En algunas de ellas las muchachas vestían trajes largos y en otras iban bailando con atuendos característicos de night clubs que también tenían su representación. Se celebraban fiestas y bailes de carnaval en clubes sociales así como fiestas de carnaval infantil. Durante el desfile y en el último Paseo, se entregaban los premios a las mejores carrozas y comparsas.

Instrumentos musicales diversos eran utilizados por algunas comparsas como el sartén y ¿quién no recuerda la corneta china? Una de las comparsas más entusiastas era la de Los Guaracheros de Regla.Venían invitadas la Reina de New Orleans, de Miami, la Reina del Carnaval de Tampa, de Key West, etc. Bandas norteamericanas de música, el Rey Momo y sus Chambelanes, la Sección de Motociclistas Acróbaticos de la Policía Nacional de La Habana y de la Ciudad de Miami. Había otras fiestas carnavalescas de barrios en fechas diferentes, estaban Las Charangas de Bejucal en la provincia de La Habana, las Parrandas de Remedios que eran dos barrios que competían entre si, las Fiestas Patronales de los pueblos, donde además de la procesión de carácter religiosa había torneos de cintas a caballo, comida y bebidas, verbenas, bailes y una ornamentación muy alegre y pintoresca. Los carnavales más importantes eran los de La Habana, Camagüey y Santiago de Cuba, éste último con participación del público arrollando por las calles.Una nota muy característica era los vendedores ambulantes de serpentinas de mil colores, pitos, matracas, sombrcritos, caretas y antifaces y muchas otras cosas más, que completaban el ambiente de carnaval. En Centros y Salones de La Habana así como en los Clubes de la Playa, se celebraban bailes de disfraces y concursos con premios a los mejores. Los sábados salían las comparsas, la más antigua de todas, El Alacrán, fundada en 1844, comenzó a salir en los carnavales habaneros en 1908. Fue reorganizada en 1937 en el barrio del Cerro. Era una de las más representativas y auténticas. También desfilaban las Boyeras, las Jardineras, los Marqueses de Atarés, los Dandys,los Componedores de Batea,etc. Había comparsas que según el presupuesto llevaban su carroza y su propio conjunto musical, bellas muchachas lanzaban serpentinas al público. El vestuario era vistoso y brillante, ocasionalmente grandes sombreros, arcos de flores. Los faroleros hacían girar sus enormes farolas al compás de la música, llevaban al frente de cada comparsa un estandarte con el nombre que las identificaba. Mostraban una

Esperanza Bustamante. 1959.

coreografia de complicados pasos con evoluciones cada cierto tramo y especialmente frente a la Tribuna donde estaba el Jurado que entregaría los premios el último dia de los festejos.

El desfile comenzaba en la Avenida del Puerto por todo el Malecón y subía por el Paseo del Prado hasta el Capitolio. Allí la Reina y sus Damas ocupaban el Palco Presidencial para presenciar el desfile junto al Jurado que sería el encargado de anunciar los premios a comparsas y carrozas. No podemos olvidar los muñecones, esas gigantescas figuras que se movían graciosamente en su largo recorrido con sus caras pintadas y sonrientes. Los festejos del Carnaval culminaban con un impresionante despliegue de fuegos artificiales en el Malecón..

Piratas Del Carnaval

Reinas del Carnaval

De la Habana

1949-1959.

1949 Maria Teresa de
Cárdenas

1950 Ileana Valdés Cruz

1951 Gladys de Los
Angeles Garcia

1952 Mirtha Echevarría

1953 Yolanda Rodriquez

1954 Clara Beatriz
Santos

1955 Margarita Senra
Nuñez de Villavicencio

1956 Dinorah Del Real

1957 Consuelo
Mesa Bermúdez

1958, No Hubo
Carnaval.

1959 Esperanza
Bustamante

Carnaval de La
Habana.

Desfile de Comparsas por el Paseo del
Prado.

Hotel Residencial Rosita de Hornedo.

Inaugurado en 1955. Avenida 1ra. y 2. Miramar. Arquitecto, Cristóbal Martínez Márquez. Once pisos y dos pent-houses. 172 apartamentos amueblados y sin amueblar, con vista al mar y a la Avenida 1ra. Dos piscinas, para adultos y niños, intercomunicadores y teléfonos en todos los apartamentos, peluquería, tintorería, grocery, farmacia, restaurant, cafetería, agencia de pasajes, otros comercios, sala para Convenciones y parqueo para 150 autos. A un costo de $2.000.000 de pesos.

Club Hotel Comodoro, 1950. Avenida 84 y Avenida Primera. Miramar.

Consta de playa artificial y piscina olímpica con 30 cabañas, duchas y taquillas, vestíbulo, sala para reuniones, locales para juegos de salón, bar, cafetería, restaurant, jardines, tiendas, agencias de pasajes, estacionamiento para 100 automóviles y 96 dormitorios en las tres plantas altas. A un costo de $3.000,000. Ingenieros: Mira y Rosich, Arquitectos: Ricardo Galbis y Vicente Llarena.

Club Hotel Comodoro
Entrada.

Galiano y Zanja

Galiano y Dragones

Carlos III y Belascoaín. Izq. La Casa de los Tres Centavos. A la derecha por la calle Reina la iglesia El Sagrado Corazón de Jesús, más conocida como la iglesia de Reina.

Gran Templo Nacional Masónico. 1952-1955.Carlos III y Belascoaín. Once pisos. Coronaba el Gran Templo, una enorme esfera del mundo que giraba alrededor de un eje, sobre una base que representaba los símbolos de la masonería mundial. El gran salón de actos tenía capacidad para 1,100 personas sentadas.

El Barrio Chino de La Habana.

La Habana, como New York, San Francisco y Filadelfia, tenía un Barrio Chino, con barberías, cafés, tiendas diversas, peleterías, almacenes de víveres, sederías, quincallas y restaurantes. Había puestos de viandas, frutas y helados. Todavía recuerdo y siento el olor a verduras de todo tipo cuando pasaba por uno de esos puestos. También había vendedores ambulantes que portaban en sus cabezas grandes canastas con variedad de productos. Yo recuerdo cuando era adolescente y pasaba por los portales del *Ten Cent* de la calle Galiano frente la tienda *El Encanto*, siempre había un chino allí con su canasta repleta de gardenias y un olor…costaban 5 centavos. Estaban también las lavanderías o tren de lavado como se les llamaba.

En 1948 había más de 250 lavanderias. Los chinos era gente emprendedora, respetuosos de las leyes, amistosos y se veían felices de vivir en Cuba. Las heladerías eran famosas, con muchos sabores, el de almendra era mi favorito. Contaba además el Barrio Chino con Sociedades y Clubes culturales, salas de cines donde en en unos ponían películas chinas y en otros, norteamericanas. Grupos musicales y artísticos participaban en funciones teatrales. No podemos olvidar la participación china en nuestros carnavales habaneros aunque ellos tenían sus propias fiestas carnavalescas en su Barrio. Recuerdo las máscaras chinas así como las carrozas bellamente engalanadas con aspectos representativos de su cultura, también recuerdo la comparsa *El Dragón*, que era bellísima y que anunciaba la buena suerte y hablaba de un mundo mejor, tenía un vestuario lujoso y lleno de color. La Colonia China en Cuba gozaba de libertad religiosa, tenían un plantel de educación donde se impartían clases en Chino y en Español. Poseían tres periódicos con talleres propios en la Calle Zanja. Punto y aparte era el conocido Restaurant *"El Pacífico"* en Zanja y Rayo, que en temporada de turismo se llenaba de americanos. Ofrecían comida internacional y china . Allí lo mismo se comía pichón de paloma frito, que champiñones con pasta, masas de pollo con vegetales y la famosa sopa de aletas de tiburón. Yo creo que no había un artista en La Habana que no terminara en *El Pacífico* casi al amanecer, tomándose una sopa china. Se podía contar con una variedad de salsas para acompañar los platos y vino rosado importado directamente de China. Los pescados más finos, mariscos, carnes, caldos de res y ¡con cubiertos! no con "palitos", pero sin cuchillos. ¡Ah! Y las maripositas fritas, que eran unas frituritas de jamón y carne en forma de mariposa que eran exquisitas, ¿se da cuenta? Y el arroz frito, una verdadera especialidad.

Y como todo tiene un final, los chinos también tenían su cementerio aunque las costumbres funerarias de los chinos de esa época ya habían evolucionado, eran casi idénticas a las de los occidentales, dejando atrás ciertos rituales y tradiciones chinas.Y por último, los chinos también eran patriotas, muchos de ellos pelearon junto a los mambises por la independencia de Cuba, de hecho hay todavía un monumento con una placa de bronce y una inscripción en homenaje a aquellos que pertenecieron al Ejército Libertador. Fue inaugurado el 10 de octubre de 1931 en las calles Línea y L en el Vedado, La Habana.

Philips Cubana, 1954. Infanta y San José, Arquitecto Luis Echevarría.

Neptuno y Escobar

188

Barcelona y Amistad. La Habana.

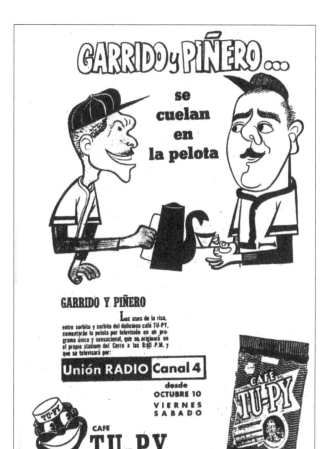

"...siempre mi refresco favorito fue la Coca-Cola, pero a veces la alternaba con el Royal Crown, que era muy grande, sobre todo si quería brindarle a mis compañeras del colegio a la hora de la merienda, pero Coca-Cola siempre será, la pausa que refresca y mi preferido"

Industria Láctea.

En 1957, la producción nacional de leche se calculó en más de 700 millones de litros. La mayoria de las industrias de leche fresca, se encontraban en las inmediaciones de La Habana y de las grandes ciudades, mientras que las cuencas lecheras de Bayamo en Oriente y Sancti Spiritus en Las Villas, se destinaban principalmente a las industrias. También en Cuba se producía queso, mantequilla y leche en lata. En 1957 había en Cuba siete plantas de enlatar leche, dos en La Habana, dos en Sancti Spíritus, dos en Camagüey y una en Bayamo. Entre 1955 y 1957, la producción de queso se calculaba en once millones de libras obtenidas de un promedio de 46 millones de litros de leche en 26 plantas industriales. Además de queso blando o de mano, en los últimos años se habían introducido técnicas de producción modernas que permitían la obtención de quesos Suizo y Americano, que en 1957 cubrían un 80% de la demanda nacional. La producción de mantequilla alcanzaba unas 4.500.000 libras que se obtenían de 36 millones de litros de leche que cubría perfectamente la demanda y quedaba para exportar. Entre las más reconocidas se encontraban, la *Compañía Lechera de Cuba, La California, Moralitos, Marfán, Nela, Cremería Lucero, Cremería Renté, Balkán, Santa Beatriz y San Bernardo* entre otras.

¡DELICIOSA...

LECHE CONDENSADA
NELA

LECHE CONDENSADA

NELA
PRODUCTOS DE LECHE ★ ALTA CALIDAD

Y **NELA** TIENE EL PUN

Crema PURA
de pura CREMA
de LECHE...

QUESOS Y MANTEQUILLA
OTERO

QUESO PATAGRAS
Guarina
TAMAÑO FAMILIAR

Guarina LA MARCA QUE IMPONE LA CALIDAD Y...
"LA CALIDAD NO TIENE SUSTITUTO"

197

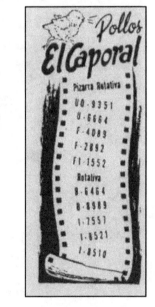

La Bodega de la esquina en los 50's

La Conocida Esquina de Toyo.

Melchor Rodríguez García

La esquina de Toyo no era una esquina, era un conjunto de locales alegre y bullicioso todo el tiempo. Comencemos por la panadería con su famoso pan y dulcería llena de vistosas cajas de finos y caros bombones, así como lindas latas de galleticas inglesas. Su barra, con el pulido mostrador y sus estantes de caoba negra muy bien surtidos con bebidas de importación. En su portal de la Calzada de Jesús del Monte, el puesto de venta de lechón asado de Mongo. Un poco más allá, el de Miguel el Rubio con la venta de fritas y pan con bisté. Por la acera de San Leonardo, una carretilla colmada de frutas, manzanas, peras, anones en su canastica y nunca faltaban las uvas. En la calle pegada a la acera, la piquera de autos de alquiler.

De la acera de enfrente el *Bodegón de Toyo* con un amplio portal frente a la Calzada por donde las guaguas pasaban, tanto las que iban hacia la Víbora como las que se dirigían a Luyanó donde hacían la transferencia numerosos viajeros.En la esquina del portal estaba el sillón de Pedro, el negro limpiabotas, que en la madrugada era el que recibía y distribuía los periódicos a los vendedores que después de tratar de venderlos en la calle destacando- a grito pelado- los titulares, subían a los tranvías y a las guaguas a continuar su trabajo. Dentro del Bodegón, en el ángulo formado por los dos portales, estaba la vidriera de Ñico que comenzó con la venta de cigarrillos y tabacos y que se convirtió en una quincalla muy bien surtida. A continuación de la barra estaba el restaurant que al principio era una fonda donde se comía muy bien, el plato principal era el carnero estofado. Y al lado había un depósito de hielo.

Además de la gran cantidad de viajeros estacionados en el portal en espera de hacer la transferencia y de los vendedores de periódicos, allí también estaban los que vendían los billetes de lotería, entre ellos Cándido, *"el billetero del 33"*, lo recuerdo muy bien con su cornetica. Por un corto tiempo se estacionó allí al lado del sillón de limpiabotas de Pedro, Olga la tamalera. Casi contiguo al Bodegón por la Calzada, estaba el *Café Moderno* frente a la estación de policía y al lado del cine del mismo nombre. En esa acera frente a la panadería estaban las tiendas *La Sirena* que luego se llamó *La Rosa Cubana* y el *Almacén de Toyo*, más allá *El 20 de Mayo* y una de las tiendas de la *Cadena Brito*. En la Calzada de Diez de Octubre desde la calle San Francisco hasta Agua Dulce los cines *Tosca, Moderno, Apolo, Dora, Gran Cinema, Martha y Florida,* dos boticas y tres fondas. Ademas de Toyo, había otras dulcerías no necesariamente en esta zona, la *Gran Via* y *Super Cake*, el cake bombón de la *Ward* y el cake helado *Hatuey.*

¡Cómo gozo comiendo galletas

El Gozo!

¡Cuándo Volverá la Nochebuena!

Pedro Moya

Los recuerdos más gratos de mi primera infancia están prendidos a la casona colonial de mi abuela materna. Inmensa casona con su gran patio rectangular rodeado en tres de sus lados por un amplio corredor bajo techo que daba frescura y sombra. Allí la familia se reunía en amena charla después de la lucha del dia.

El cuarto de al lado de ese patio, tenía la pared de la casa vecina a lo largo de la cual, corría un cantero de unos dos pies de alto y un ancho de casi un metro relleno de rica tierra, todo sembrado de flores donde había además, una enorme mata de guanábana, con cuyas frutas mi abuela hacía una rica champola típica de aquella época.

Recuerdo los días de la Nochebuena. El día antes era de total ajetreo para los mayores y de excitación para los menores que no queríamos perdernos las actividades relacionadas con la celebración. Unos iban a la Plaza del mercado a comprar los ingredientes de la ensalada, lechuga, tomates, berros, rábanos rojitos y brillantes etc.

Llegaba el momento de preparar el lechón. Mi abuela hacía el aliño, era su especialidad, exprimía las naranjas agrias y los limones, machacaba bien los ajos en el mortero hasta hacer una pasta, le agregaba pimienta y lo mezclaba todo.

El puerco ya estaba colocado en una tartera de zinc y allí mi abuela se ponía a embadurnarlo con aquel aliño, primero en la parte interior y después por fuera y allí lo dejaba hasta el dia siguiente para que se impregnara bien. ¡Cuán larga nos parecía la espera del día siguiente, el gran día de Nochebuena! Un empleado venía a buscar el puerco adobadito para llevarlo a la panadería donde sería asado. El día pasaba lentamente y al anochecer se comenzaba a preparar el muy amplio salón del comedor con una mesa mís grande porque los comensales serían más de veinte. Siempre asistían amigos íntimos de la familia. Nosotros los muchachos por nuestra parte, estábamos en el portal viendo pasar los puercos asados en sus tarteras de regreso a sus respectivas casas y nos desesperábamos porque el nuestro no acababa de llegar.

Por fin, comenzaban a llegar los comensales y por supuesto, mientras conversaban con toda la casa iluminada, se empezaba a servir el vino y como consecuencia los ánimos se iban alegrando. Finalmente llegaba nuestro lechón, doradito, oloroso, apetitoso y se convertía inmediatamente en el centro de atracción para la muchachería.

Ya se oía la música de la victrola RCA Víctor y a bailar se ha dicho. Todavía me parece ver a mis padres, jóvenes aún, bailando ese danzón, " ♪cuándo volverá, la Nochebuena…♪". Pero para los chiquillos que no bailábamos, nos parecía que los bailadores no estaban saboreando el atracón que nos daríamos con el congrí, la ensalada mixta, el pan calientico, la yuca con mojo y algún que otro manjar acompañado con vino español, para terminar con el postre a base de turrones de jijona, alicante, masapán, yema, sin olvidar los ricos buñuelos. Después llegaba la Misa de Gallo, unos iban y otros se quedaban bailando. Al día siguiente, primer Día de Pascua, volvíamos a comer todo lo que había quedado de la noche anterior y no se por qué, nos parecía mas rica, ya sin barullo, un poco más concentrados, inolvidable y esta vez sin mesa grande.

Era el dia 25 el Dia de Navidad, de Santa Claus, los vecinos se estrenaban ropa nueva y se visitaban entre si. Las tiendas exhibían su mercancía con grandes Moñas o lazos de colores incitando a las compras y al regalo. Y en lo más íntimo de nuestro ser, pensábamos, ¡cuándo volverá la Nochebuena…!

Fuente: El Cubano Libre

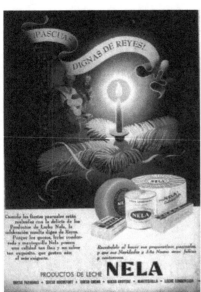

¡FELICIDADES!

¡Felices Pascuas!

Agua Mineral

Cuba poseía excelentes aguas minerales muy estimadas desde la época colonial. Más de 60,000 millones de metros cúbicos de agua circulaban anualmente en el subsuelo cubano aflorando en muchos casos en forma de manantiales y fuentes. Debido a la abundancia de minerales existentes en Cuba, éstas aguas poseían características especiales como son, altas temperaturas y sales minerales en su composición y radioactividad que le daban un valor curativo notable a nuestros manantiales así como fama mundial.

Había en Cuba varios balnearios medicinales o fuentes termales cuyas aguas sulfurosas eran excelentes para males reumáticos, artríticos y otros. Las más calientes se encontraban en el Balneario Elguea en Corralillo, Las Villas, que alcanzaban hasta 51 grados, también en La Bija y San José del Lago de la propia provincia y San Miguel de los Baños en Matanzas. En las provincias de Pinar del Río, La Habana, Matanzas y LasVillas, se concentraban los más populares balnearios como San Vicente de los Baños, en Pinar del Río. San Diego de los Baños, La Mina, El Tigre, La Condesa, El Pocito y Pola, todos en La Habana . En Las Villas, Ciego Montero y Ciénaga de Zapata y Santa Rita en Isla de Pinos. etc.

La Coca-Cola

La Planta embotelladora de la Coca-Cola fue establecida en Cuba en 1907. En el año 1958 había en Cuba cinco plantas embotelladoras, la de La Habana era una de las más modernas de América Latina, las cuatro restantes estaban situadas en Artemisa, Santa Clara, Camagüey y Santiago de Cuba en la provincia de Oriente. Más de 1,300 familias en todo el país, libraban su sustento de la producción, distribución y venta de la Coca-Cola.

Cía. Embotelladora Coca-Cola S.A. 1958. Avenida de Santa Catalina esq. a Calzada de Palatino, Cerro. Arquitecto Jorge I. Mantilla Alesson.

Compañia Rayonera de Cuba S.A.

La Compañia Rayonera de Cuba S.A. donde laboraban 1,250 obreros y empleados, representaba uno de los más sólidos pilares de la economía cubana. El Rayón Cubano se utilizaba como materia prima en la elaboración de telas de diversas clases, jersey de ropa interior, medias, cintas, elásticos, gomas de automóviles y camiones y muchísimos productos más. La Rayonera tenía una producción suficiente para el abastecimiento nacional. Según el *Departamento de Comercio de los Estados Unidos*, Cuba ocupaba el primer lugar entre los países que

suministraban a Norteamérica la fibrana hecha con Rayón de la Rayonera de Matanzas. Su producción también era exportada a Japón, México, Canada y otros países, cuyos vehículos rodaban en su totalidad, sobre neumáticos hechos con cuerdas de rayón cubano.

Industria Ligera

La Industria del calzado cubría el 90% de las necesidades de consumo del país. La industria textil abastecía mas del 65% del consumo nacional y la de confecciones, más del 95%. En Cuba se producía tabacos, refrescos, licores, cigarros, perfumes, jabones, pinturas, medicinas, materiales de construcción, gomas, cámaras y carrocerías de ómnibus, implementos agrícolas, etc.

Cemento

Entre 1931 y 1941, la planta de cemento Portland de Mariel, abastecía casi todo el consumo nacional. Entre 1946 y 1959 la producción aumentó cubriendo el 78% de la demanda nacional. En 1956 se inauguraron dos nuevas plantas, una en Santiago de Cuba con una capacidad de producción similar a la de Mariel, 2.5 millones de barriles anuales y otra en Las Cañas, Pinar del Río, capaz de producir 900.000 barriles, estimándose que ya en 1957 fuera posible cubrir la totalidad del consumo nacional.

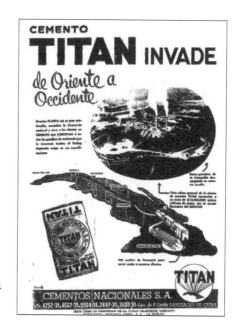

La Jarcia: La Industria de la Jarcia existe en Cuba desde los primeros años del presente siglo, asi como la fibra de henequén. En Matanzas, Jovellanos y Mariel, había plantas desfibradoras de henequén. Funcionaba una fábrica de jarcia, hilo y cordelería en Matanzas que producía 20 millones de libras anuales.

Minería

En 1958, la Industria Minera tenía un gran desarrollo, ya las inversiones de capital pasaban de 30 millones de dólares, entre ellas, Moa, Nicaro, Matahambre y El Cristo. Si bien es verdad que el capital era extranjero, no es menos cierto que constituía una enorme fuente de trabajo para miles de obreros y técnicos cubanos. Cuba producía manganeso y era el único abastecedor de cromo a los Estados Unidos en el hemisferio, también producía níckel, hierro, cobre, petróleo, plata, etc.

INDUSTRIA CRUSELLAS

Fue fundada en 1863 en un modesto edificio en la Calzada de Monte. Más tarde la firma Crusellas se fusionó con Colgate-Palmolive-Pert Co. que ya tenía su fábrica establecida en Cuba llegando a constituir una de las más importantes de nuestro país.

Entre los productos que allí se elaboraban, se encontraba el jabón Candado, los polvos de lavar Fab y Vel, jabón de lavar Perla, crema dental Colgate, crema de afeitar Colgate mentolada, jabones de tocador Hiel de Vaca y Palmolive, las Colonias 1800, Myrka, la Rhum Quinquina de Crusellas así como el Agua de Violeta, el Shampoo Colgate, etc.

Un producto que era distribuido por Crusellas y Cía. era la máquina de afeitar "Eversharp" y sus inyectores de 12 y 20 hojas, ya probado como uno de los favoritos del público consumidor.

Crusellas y Compañía, contaba con 900 empleados en su casi totalidad cubanos con alta retribución, poseía una Casa Club y sostenía un colegio para los hijos de los empleados y obreros.

En el Club se celebraban bailes, conferencias y fiestas de carácter social. También poseía una biblioteca para los asociados.

El Departamento de Propaganda de Crusellas, tenía sus propios productores, directores, escritores y artistas para la radio y para la televisión y diseñaba sus propios anuncios.

Este Departamento patrocinaba 17 programas diarios de radio lanzados al aire a través de las principales radioemisoras del país. Además de diez programas de televisión y anuncios de periódicos y revistas que se publicaban en Cuba.

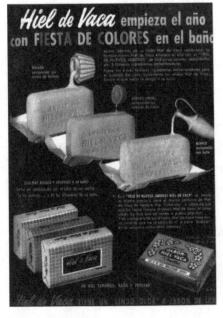

Productos Crusellas

INDUSTRIA SABATES

1935: Marca el año de la aparición del detergente en el mercado norteamericano. Y fue en diciembre de ese mismo año cuando comenzó su fabricación en Cuba. La Industria Sabatés fue fundada en 1860 en un barrio pobre de la ciudad comenzando con solo 60 obreros.

Fabricante de productos de lavar, jabones y detergentes así como jabones de tocador, logró que Cuba fuera el primer país en la América Latina en disfrutar del beneficio y la comodidad que esos productos brindaban a las amas de casa. Fue la primera fábrica en Cuba en producir jabón de lavar Oso. En 1951, fue fundada la primera planta de detergentes sintéticos de Cuba y la primera en toda la América Latina.

Esta Planta fue instalada por Procter & Gamble, la compañía jabonera más importante de los Estados Unidos. Allí se elaboraban los conocidos polvos de lavar Ace, Lavasol y Tide, también el primer detergente a granel que existió en Cuba y que salió al mercado bajo el nombre de Ola. Se producían además, los jabones de lavar Oso amarillo con punto azul y Llave. También otros productos de tocador como los jabones de baño Elsa y Camay, la pasta dental Gleem y los Shampoos Drene y Prell. El 1942, la gran Industria Sabatés, da otro paso al frente al instalar por primera vez en Cuba una planta de hidrogenar grasas y aceites comestibles que abastecía a otras industrias cubanas como dulcerías, panaderías, pastelerías, etc. Allí también se elaboraba el aceite de maní Mánico y el aceite de soya Olipuro. Con 600 obreros y empleados

cubanos, fue la primera industria en su clase en repartir utilidades entre todos ellos.

Productos Sabatés

LA INDUSTRIA GRAVI

La Industria Gravi, fabricantes de la pasta dental del mismo nombre, tiene su origen en 1925 y era una industria cubana. En 1934 amplía sus actividades a la de perfumería, comenzando con la elaboración de los polvos faciales *Gravi*. En 1937 se introduce la venta de nuevos artículos como el talco, agua de colonia, brillantina para el cabello así como diferentes tipos de jabones de tocador y el cepillo de dientes de importación bajo la marca Gravi. En ese mismo año1937, la pasta Gravi se coloca a la cabeza de las cremas dentales logrando acaparar más del 50% del mercado total de pastas significando esto, la consolidación definitiva de esta industria. Pese a la gran competencia de las firmas extranjeras, Gravi logra aumentar cada día más su volumen de ventas consolidando sus antiguos productos y añadiendo nuevas líneas que como el conocido jabón de lavar Rina, alcanza cifras records de venta, situando a esta firma como la primera industria nacional en productos de jabonería y perfumería. Otra crema dental - no de Crusellas - pero hecha en Cuba, era Freska con Clorofila y Kolynos, de importación, que se distribuía en nuestro país.

COMUNICACIONES

Cuba fue el primer país latinoamericano que tuvo comunicación cablegráfica y telefónica con los Estados Unidos.

El telégrafo fue traído a Cuba en 1851 y en 1853, se estableció la primera línea de servicio entre La Habana y Bejucal unidas por el ferrocarril 16 años antes.

El 1867 comenzó a funcionar el cable submarino que permitió la comunicación telegráfica entre Cuba y Key West. Cuba disfrutaba de este servicio mucho antes que el resto de la América Latina.

En 1910, se inauguró el teléfono automático en La Habana cuya red telefónica ya existía desde 1889.

En la década de los cincuenta, ya Cuba se comunicaba con el resto del mundo a través de cuatro cables submarinos internacionales que tocaban La Habana, Santiago de Cuba, Manzanillo y Guantánamo. En 1957 había 1 teléfono por cada 43 habitantes.

El Transporte en Cuba

De completo uniforme, Octávilo Blanco, chofer del ómnibus M6 perteneciente a la línea del Paradero de Lawton.

Paradero de tranvías de El Príncipe

En 1958, Cuba era uno de los países más adelantados del mundo en lo que a transporte se refiere. Ocupaba el primer lugar en América Latina con un vehículo por cada 29 habitantes y el onceno lugar en el resto del mundo. Cuba tuvo ferrocarril antes que España y América Latina. La Habana fue una de las primeras ciudades del mundo en tener terminal aérea. En 1957, la Compañía Cubana de Aviación se encontraba entre las 25 compañías internacionales más importantes. En cuanto a líneas marítimas, buques de vapor surcaron las aguas cubanas cuando ese medio de transporte era desconocido en casi toda Europa y el resto de América, con excepción de los Estados Unidos. El introductor del primer buque de vapor en Cuba, fue Don Juan O'Farril, se llamó "*Mississippi*" y tuvo lugar el 1ro. de febrero de 1819. Más de 30 buques tocaban puerto en Cuba, entre ellos el ferry *City of Havana* en el cual usted podía viajar con su auto o comprarse uno afuera, regresar con él y salir manejando hasta la puerta de su casa.

YA
están en circulación

5
nuevas rutas
de autobuses

A VIBORA-VEDADO vía Ave. Menocal en sustitución de los tranvías V-7

B1 CERRO-MONTE-Sol-Ave. del Puerto en sustitución de los tranvías C-1

B2 CERRO-MONTE vía Ave. del Puerto en sustitución de los tranvías C-2

B3 CERRO-HABANA vía Parque Central en sustitución de los tranvías C-3 y C-4

H1 CERRO-VEDADO vía Belascoaín en sustitución de los tranvías C-6

Inauguración 23 de junio de 1950

PASAJE: 8 centavos
TRANSFERENCIAS: Gratis de autobús a autobús o tranvía; 3 cts. de tranvía a autobús.

AUTOBUSES MODERNOS, S. A.
Iniciadores de una NUEVA ERA en el transporte

El Transporte Privado.

Había 303 empresas de ómnibus con 4,459 unidades. Solo en La Habana en 1958, la Compañía de Omnibus Aliados tenía 1,400 ómnibus para servir a 1,400.000 habitantes, a razón de 1 por cada 1,000. Además de los tranvías, los autos de alquiler y una flota de ómnibus por carretera que cubría toda la Isla.

Transporte Aéreo

En 1920, dos cubanos, Agustín Parlá y Domingo Rosillo, establecen el primer vuelo internacional entre La Habana y Key West. La Habana fue una de las primeras ciudades en establecer una terminal aérea y por su posición geográfica, devino una de las terminales más importantes del mundo. En 1958, Cuba contaba con más de 100 aeropuertos entre públicos y privados. El Aeropuerto Internacional José Martí de La Habana, era el principal.También con rango internacional se encontraban los de Varadero, Camagüey y Santiago de Cuba. La Base de Mantenimiento de Rancho Boyeros tenía 180 mecánicos de primera clase en todas las especialidades, incluyendo, radar, radio, instrumentos de precision, etc.

Contaba con un cuerpo de 95 pilotos, los mejores pagados de la industria aérea de América Latina.Cubana de Aviación inauguró su primera línea internacional con un primer vuelo Habana-Miami en 1946. Numerosas líneas aéreas internacionales hacían escala en La Habana y muchas de ellas tenían sus propias oficinas en nuestra capital. Pan American ofrecía 46 vuelos diarios a Miami. Cubana de Aviación tenía vuelos a New York, Miami, España, Ciudad de México, Bahamas, Haití, etc. Había otras empresas cubanas tanto comerciales como de carga entre las que se destacaban Expreso Aéreo S.A y Aerovias Q, cubriendo vuelos nacionales e internacionales.

220

La Carretera Central

Construída durante el gobierno de Gerardo Machado a un costo de 110 millones de pesos, la carretera central fue una extraordinaria obra de ingenieria con 1,170 km de extensión, comenzando en Pinar del Rio y terminando en la Ciudad de Santiago de Cuba, Oriente. Anteriormente todo el transporte terrestre se hacía por ferrocarril en viajes hasta de 20 horas entre ambas ciudades. Con la construcción de esta monumental obra, el transporte por carretera, no solo se abarató, sino, que esa misma distancia podía ser cubierta en solo 12 horas.

Academia Naval de Mariel

En 1908, un abogado norteamericano Horacio Rubens, inició la construcción de un edificio en la provincia de Pinar del Río para convertirlo en Casino de juego, pero al serle negado el permiso decidió vender la propiedad. En marzo de 1915, el Presidente Mario García Menocal, mediante un Decreto, establece en ese misma instalación la Academia Naval de Mariel, con el objetivo de formar los futuros oficiales de la Marina de Guerra Nacional. Se encontraba situada en la Loma de la Vigía frente a la bahía y a una altura de 90 metros sobre el nivel del mar. La

Academia Naval de Mariel fue inaugurada el 28 de enero de 1916. Estaba constituída por un conjunto de cinco edificios. La famosa escalinata que la distingue, fue construída contra todas las reglas de la arquitectura, pues se comenzó de arriba hacia abajo. Consta de 48 metros, 226 escalones y 12 tramos o descansos de 20 pasos cada uno. La Academia estaba dotada de una Biblioteca de Consulta, Museos, Cocina, Comedores, Talleres y Campos Deportivos así como Piscina Olímpica y Polígono de entreamiento militar. También poseía el mejor Museo Ictiológico de Cuba, Campos de Tiro, tenía aulas especiales de Ciencias, Electrónica, Meteorologia y todo los materiales y equipos necesarios para la enseñanza.En su especialidad, el nivel docente de la Academia Naval de Mariel, se encontraba a la altura de las mejores universidades de La Habana.

Valle de Viñales, Pinar del Río.

INDUSTRIA TABACALERA

Cuba ocupaba entre las naciones tabacaleras del mundo, el primer lugar por la calidad de su tabaco, no por el volumen de su producción. En La Habana radicaban las mayores y más importantes fábricas de tabaco torcido para exportación y un buen número de tabaquerías menores, sin contar pequeños talleres operarios y los elaboradores privados que vertían su producción en el mercado interno. En Cuba había alrededor de 1,000 fábricas de tabacos y cerca de 24 de cigarrillos con una altísima tecnologia, donde laboraban cerca de 3,000 obreros. Solamente en 1958, se producía para consumo interno, más de seis millones de cajas de cigarrillos y la exportación alcanzaba 57 millones de dólares. Once de esas fábricas estaban en La Habana con una producción de alrededor del 60%. En Las Villas había 9 fábricas que producían el 40% del total nacional.

224

Cigarros Cubanos

Hechos en Cuba.

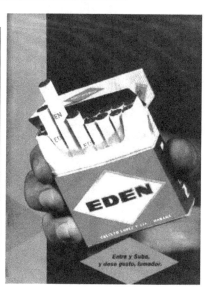

Cigarros Cubanos Hechos en Cuba.

Algunas de las Diferentes Marcas Americanas que se Distribuían en Cuba.

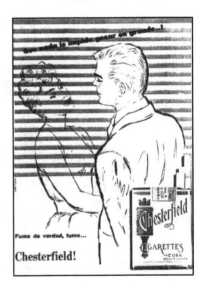

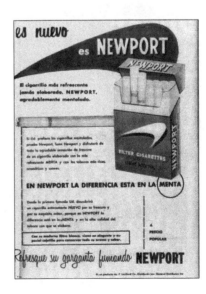

Algunos de los Cigarros Estilo Americano (Rubios) .Hechos en Cuba.

"Yo tengo que sentirme apasionado por Cuba, porque sí".

Cronista Deportivo

Yo soy oriental, pero me establecí en La Habana, menos Baracoa, conozco toda Cuba, desde Guantánamo hasta Pinar del Río incluyendo Isla de Pinos. Un 31 de diciembre esperé el Año Nuevo en Trinidad, los vecinos preparaban la comida tradicional y se oían los pasos de la gente resonando en las calles adoquinadas. Otro lo esperé en el Gran Casino Nacional de La Habana, otro en Palma Soriano, en una finca. He recorrido toda Cuba y no puedo olvidar los mogotes del Valle de Viñales en la provincia de Pinar del Río, son misteriosos. Los pinareños son gente buena, buena. Si tomabas por el Circuito Norte, uno pasaba por Cabañas, Bahía Honda,

Fausto Miranda

San Vicente, Guane, Mantua. A mí me encantaba ver Cuba. Recuerdo que yo manejaba desde mi casa hasta el Surgidero de Batabanó, al Sur de La Habana, para comer arroz con mariscos en el *Restaurant Dos Hermanos,* 80 kms ida y vuelta. Asomarse en la cumbre de Matanzas, ver el Valle de Yumurí, Cárdenas, la playa de Varadero, Cienfuegos, son lugares preciosos. Tengo la satisfacción de haber conocido toda Cuba y el extranjero. Un día estando en Niza, Francia, me dije "déjame ver esa famosa playa, y me ví caminando entre piedras". De ahí Varadero, hay una enorme distancia. Camagüey era como un pedazo del Far West americano, allí se veían los vaqueros con sus botas de tacón alto arreando el ganado. La llegada del tren central a Camagüey era todo un acontecimiento. Había ciudades muy vibrantes como Ciego de Ávila, Vertientes, Santa Cruz. Nosotros, que vivíamos en La Habana, a veces íbamos por carretera hasta Santiago de Cuba y de allí hasta el Caney, ¡ah! Sus frutas, los famosos mangos bizcochuelos. Santiago tiene un encanto... ir hasta El Morro y ver la entrada de la bahía, Cayo Smith, La Socapa...todo parece ser obra de Dios, sí, obra de Dios. ¿Qué puedo decir de La Habana? Había más de cincuenta cines ofreciendo dos películas de estreno el mismo dia, la misma noche. Eso, no lo tiene ni Paris, Te bailable en todos los clubes de la playa. ¿Cabarets? estaba el Gran Casino Nacional, Sans Souci, Tropicana, Montmartre, el Parisién del Hotel Nacional, el Salón Rojo del Hotel Capri, el Caribe del Hotel Habana Hilton, el Copa Room en el Hotel Havana Riviera y otros más. En la playa de Marianao había otros clubes más modestos pero que ofrecían una música fenomenal. ¡Y qué decir de las orquestas tipo Jazz Band! Estaban la de René Touzet, los Hermanos Palau, Los Lebatar, los Hermanos Martínez, la Orquesta Riverside, la de Ernesto Duarte. Otra muy famosa era la Orquesta Havana Casino de Tirso Sáenz, la de Armando Oréfiche, uno de los grandes músicos cubanos. Había conjuntos popularísimos como La Sonora Matancera, el Conjunto Casino, el de Roberto Faz, etc. Otra modalidad era la Orquesta Típica o Charanga, de las cuales recuerdo la de Enrique Jorrín, la Sublime, la de Arcaño y sus Maravillas,

Belisario López, la Aragón de Cienfuegos, en fin. ¡Ah! y la Bandona de Benny Moré. En la música cubana hay más de treinta ritmos y todos son bailables. Cada uno en su clase, Antonio María Romeu, Barbarito Diez, Gonzalo Roig, eran gigantes. Dámaso Pérez Prado estremecía al mundo con el Mambo. Un dia me encontré con él y le dije "chico Dámaso ¡qué clase de tacones tienen tus zapatos!" y el me contestó "hay que ser grande aunque sea en estatura".

En el ámbito deportivo teníamos un genio, el campeón de ajedrez José Raúl Capablanca, a quien tuve el gusto de conocer en el Cabaret

Celia Cruz y la Sonora Matancera

Sans Souci, al esgrimista cubano Ramón Fonst, el primer latinoamericano en ganar una medalla de oro en una Olimpiada, ¡qué orgullo verdad!

Entre los boxeadores, Kid Chocolate, que le dio a Cuba el primer título mundial Peso Pluma al vencer por Knock-Out a Law Feldman en 1932. Y Kid Gavilán a quien vi en 20 peleas. En el Oriental Park teníamos carreras de caballos y en el Cinódromo de Marianao, de galgos. Tres Canchas de Jai Alai en La Habana, carreras de autos, boleras.En béisbol teníamos a los mejores, Amorós, Miñoso, Adolfo Luke. Yo le regalé a Bertha Díaz la gran velocista cubana, los primeros zapatos de "pinchos" *spikes* que tuvo. Yo fui el último Presidente de la Asociación de Cronistas Deportivos de Cuba. Conozco unos cuantos países de Europa y casi todos de América Latina, a mí no me importa que me digan arrogante, vanidoso ni nada, yo tengo que sentirme apasionado por Cuba, porque sí.

Eligio Sardiñas. " Kid Chocolate."

Isla de Pinos

Iglesia Santa
Teresa de Jesús.
Mariel, Pinar del
Río

Varadero, Matanzas.

Trinidad, Las Villas

Camagüey

Oriente

Centrales Azucareros

Con solo 5.8 millones de habitantes y poca extensión territorial, Cuba fue el mayor productor de azúcar del mundo. Poseía 161 centrales azucareros, desde Niágara y La Francia en tierras de Pinar del Río hasta San Agustin en la provincia de Oriente, la mayoría en manos de cubanos o descendientes de españoles.Se encontraban 9 en Pinar del Río, 13 en La Habana, 24 en Matanzas, 50 en Las Villas, 24 en Camagüey y 41 en la provincia de Oriente. En 1952 hubo una producción de siete millones de toneladas de azúcar, produciendo por este concepto, un ingreso nacional de más de 627 millones de pesos.

El primer ingenio que se construyó en Cuba fue ubicado en un lugar conocido como Los Cangrejos, cerca de los Cuatro Caminos, en La Habana. Su dueño era Vicente Santa María, el trapiche era impulsado por hombres y bestias y solo se producía allí melado y raspadura.

El primer ingenio que se electrificó en el mundo fue el Amistad en 1913 en Güines, La Habana. El diseño e instalación de la electrificación, fue obra de un ingeniero cubano. Este central tenía la peculiaridad de

que su subsuelo estaba atravesado por una corriente fluvial. En cuanto al Ingenio Perico, en Matanzas, su casa de calderas se levanta exactamente donde nace esta riqueza fluvial.

En 1956, había doce centrales electrificados, 125 parcialmente y el resto era movido a vapor. Había un Central en Cuba que se asentaba tanto la planta como la casa de

Bohío Cubano

calderas y parte del batey en un cerro de mármol, en Manatí, Victoria de Las Tunas, Oriente. La Torre del Central Constancia en Las Villas, era la más alta de Cuba con alrededor de trescientos pies de alto. El Central Caracas, tenía adornos con ladrillos de colores hechos en Marsella. El Central Soledad cerca de Cienfuegos, poseía un Jardín Botánico con toda la flora del mundo tropical. Era el segundo o tercer jardín de su clase en el mundo entero.Fue en el Central Andorra en Pinar del Río, donde se puso la primera planta de hielo seco en Cuba.

En el Central Merceditas en Matanzas, fue donde se ensayaron por primera vez en 1918, las máquinas de cortar caña. Entre los ingenios que desaparecieron se encuentra Los Palacios en Pinar del Río, fue un ingenio que solo hizo una zafra. También desapareció el San Gonzalo en la provincia de Oriente. El Central más pequeño desde el punto de vista de su capacidad de producción era el Elena, en

Paisaje Campestre.

Matanzas. El Clotilde, que fue el ingenio que siempre se tuvo como el más pequeño, fue destruído por el ciclón del 26. El Ingenio Violeta, fue trasladado de la provincia de Las Villas a la provincia de Camagüey y al mudarse, se modernizó. Fue fundado en 1921, tenía una capacidad de molienda de 642,000 arrobas cada 24 horas. Tenía 105 colonias, más de 5,700 empleados que controlaban 3,740 caballerías de tierra con 155,2 kilómetros de vías férreas. También funcionaba en el mismo una de las más grandes destilerías de Cuba.

Mi Querido Pueblo

Estas líneas te las escribo porque hoy hace 34 años que te dije adiós y quiero contarte lo que has significado para mí a través de mi vida. Cuando a veces estoy sola y mi pensamiento vaga, quizás mirando en la lejanía a un grupo de niños jugar, recuerdo tu pequeño parque con su glorieta central, gran monumento imperial de mi linda niñez. Cuando una tarde de lluvia me sorprende al pasar junto a una ventana y me detengo un rato, siento el olor de tu tierra mojada, incienso trascendental que me transporta trayéndome el pasado, recordándome el duro y triste presente y llenando de esperanza mi futuro, entonces…en un suspiro, susurro tu nombre, mi mirada se eleva sigo mi paso.

Iglesia San Miguel Arcángel. Perico, Matanzas.

Llegando las Navidades, allí donde tan insignificante quizás te sientas, eres el centro de mis emociones. En esos días más que en ninguno, nada es completo, siento un vacío que me invade el alma y rodeada de lindos y glamorosos adornos que en esa época se despliegan, me vienen a mi mente tus campos cubiertos de aguinaldos que tan humildes como tu gente, sin luces ni lazos, llenaban mi espíritu infantil.

Dime mi pueblecito ¿qué ha sido de ti? Cuéntame de tu linda iglesia, ¿se oyen sus campanas repicar en las mañanas del domingo? Hace 25 años, vestida de blanco arrodillada ante un lindo pero extranjero altar, cerré mis ojos y volé hacia ella y allí, en esa vieja iglesia, sin que nadie lo supiera…celebré mi boda. Cuéntame de tus estrechas y viejas calles, de tu lindo cielo azul y tus brisas de primavera, ¿qué ha sido de tus carnavales y de la alegría de tu gente, de las místicas procesiones de Viernes Santo, de tus noches estrelladas…? Un día no muy lejano, cuando ya sea imposible mantenerte lejos de mí, regresaré y ese día besaré tu tierra, correré tus calles llena de gloria y regocijo, mientras, quiero que sepas que eres el eco de un ayer y el profundo suspiro de un mañana que se escucha en la lejanía, eres la lágrima que enjugo con una sonrisa, eres la oración que siempre digo en silencio. Larga, muy larga ha sido tu espera y triste la de tu hija que estas líneas te escribe, pero nada es eterno y algún día nos volveremos a ver y allí donde fuiste tribuna de mi nacimiento y niñez, serás el lecho de mi vejez y mi muerte.

Te quiere, tu hija Olivia Aztiazarain.

Willy Chirino: "No hay nada mejor que vivir en su propia tierra. En nuestro país había un olor muy peculiar."

Músico y Cantante

Era otro estilo de vida ¿tu te recuerdas de los bohíos cubanos? tenían un olor muy peculiar. Yo nací en Consolación del Sur, un pueblo de unos cinco mil habitantes a 22 kilómetros de la capital. Mi vida en esos primeros catorce años que viví en Cuba, era la vida de un niño dentro de un pueblo pequeño, donde se vivía totalmente diferente a como se vive actualmente. En mi casa se abría la puerta de la calle a las siete de la mañana y se cerraba a las once de la noche y por mi casa pasaban, entraban y salían, yo no recuerdo que tocaran la puerta, eso no se usaba. Entraban mis amigos, los amigos de mi padre, los vecinos, el aguador a echar agua en el filtro que estaba en la cocina, el lechero y se desfilaba por mi casa, era una vida totalmente sana, nadie se preocupaba de robarle a alguien, ni de asesinar, yo no recuerdo nunca haber oído decir "mataron a fulano", esas cosas no pasaban.

Aparte de eso, la diversión era una cosa sana, diferente. Yo lo que hacía de niño era montar a caballo, nos reuníamos en el parque y le dábamos la vuelta y hablábamos mientras caminábamos y nos sentábamos en un banco a hablar. Había un cine que se llamaba el Teatro Avellaneda donde ponían película tres o cuatro veces a la semana, eran películas mexicanas, españolas y americanas, el cómico mexicano Tin Tan que era tan popular cuando yo era niño y todas esas películas de Hollywood que yo ví y que marcaron una pauta en mi vida.

Yo ví la vida de Glenn Miller cuando era niño y me hice fanático de su música y pude disfrutarla y apreciarla gracias a mis padres que cuando visitaban La Habana, la compraban y me la traían. También ví la vida de Jean Kruppa, era la vida de un baterista interpretada por Sal Mineo y eso para mi fue deslumbrante porque me mostró esa vida de los músicos que yo quería y por la cual sentía tanta pasión cuando era niño. Decidí en esa época por todas esas películas y todas esas cosas hacerme baterista, que fue mi primer instrumento. Mi vida dentro de ese pueblo era, ya te digo, las cosas sanas de la vida, extremadamente familiar. Nosotros almorzábamos y cenábamos todos juntos, la familia completa, los padres, hijos, abuelos, tíos, un verdadero núcleo familiar.

Otras de las cosas tradicionales de mi pueblo eran las misas de aguinaldo, consistían en una especie de carnavales que se celebraban en Consolación entre el 16 y el 24 de diciembre y que tenían la peculiaridad de ser carnavales de madrugada. Empezaban como a las dos de la mañana y para mi era lo máximo del mundo, era una comparsa por el pueblo, músicos y todo el pueblo guarachaba. A las seis de la mañana se terminaban con una misa en la iglesia que estaba ahí al ladito del parque. Ahí fue que realmente yo comencé mi vida musical, tocando las sartenes y todos esos instrumentos de la Conga cubana, soñando como niño, viraba los sartenes al revés, eran de diferentes tamaños y se amarraban a la cintura, ese era el instrumento mío desde que tenía cinco años.Como a cuatro casas de la mía, había una panadería y allí se reunían los músicos del pueblo, es decir, percusionistas, no había más nada, solo tumbadora y bongó, viraban al revés la caja del pan y salía un sonido de rumba de cajón y se formaban unas rumbas tremendas y allí siempre estaba yo. Mis conocimientos básicos de la música cubana, comenzaron ahí. Esa es la música que más yo disfruto, que más influencia tiene en mi. Glenn Miller fue una gran influencia para mí, pero más lo fue Benny Moré, así como Miguelito Cuní, El Conjunto Casino, La Orquesta Riverside.

Por ejemplo, en mi pueblo, las fiestas patronales eran las de la Virgen de la Candelaria, el 2 de febrero, era algo extraordinario, era la única vez en mi vida que me vestían de cuello y corbata, recuerdo que mi padre me hacía el nudito y esos tres primeros dias de febrero desde por la mañana hasta por la noche, yo andaba de cuello y corbata. No se trabajaba y se hacían unos kioscos en el parque, todo el pueblo salía y hacían como unas Verbenas y por la noche venían las orquestas de La Habana, a veces Benny Moré, la Aragón, Fajardo y sus Estrellas, el Conjunto Casino, todas esas orquestas de la época, Arcaño y sus Maravillas, Chapottin. Con Benny Moré, tuve una sola experiencia en vivo, aunque claro, lo conocía de la radio y la televisión. Yo lo admiraba mucho. Una vez fue a tocar a la Sociedad "La Unión" de Consolación del Sur y como siempre ya es un clásico cuento que llegue tarde, llegó tardísimo, era como costumbre en él. La Orquesta comenzó a tocar y no llegaba, me acuerdo como si fuera hoy, yo estaba allí esperándolo y no llegaba y los guajiros del pueblo lo querían matar y la gente esperando.

No recuerdo si fue a las doce o la una de la madrugada, se aparece él solo en "una cuñíta", un carrito, se baja, entra a la Sociedad y me pasa por el lado y lo recuerdo como un hombre altísimo, no se si porque yo era chiquito, sube al escenario y se incorpora a la Orquesta con aquel saco largo y cuando empezó a cantar, todo el mundo se olvidó del rato que llevaba esperando y lo perdonaron. Ahí mismo decidí yo, que quería ser como ese hombre, hacer eso que el hacía, subirme a un escenario y que la gente bailara y disfrutara con mi canto.

Benny Moré

236

Restaurant-Bar

El Floridita.

Obispo y Monserrate.

La Habana.

Restaurant

Monseigneur.

O y 21. Vedado.

Restaurant

Palacio de Cristal.

San José y Consulado

La Habana.

238

Restaurant El Carmelo. Calzada y D. Vedado.

La Zaragozana Restaurant - Bar. Fundada en 1830 . Monserrate 355. La Habana.

Restaurant Campestre Rancho Luna del Wajay.

Sloppy Joe's Bar - Restaurant. Fundado en 1917. Zulueta y Animas. La Habana.

La Combinacion Perfecta.

Daiquiri: Ron, Hielo Azúcar y Limón .

Mojito: Ron, Azúcar, Hielo, Ginger Ale y Yerba Buena.

Cuba Libre: Ron, CocaCola, Hielo y Limón.

240

Un brindis con Daiquirí en El Bodegón.

Bar - Restaurant El Floridita
Obispo y Monserrate.

243

"Cuba Era Un Pais Para Vivir: La Habana lo Tenía Todo."

Dr. José Currais
Empresario

Restaurant-Bar 1830. Calzada y 20. Vedado.

En Cuba yo era abogado, mi padre había abierto un restaurant que se llama *La Zaragozana*. Era un restaurant muy famoso donde se comía muy bien. Situado en Monserrate entre Obispo y Obrapía, entre los conocidos restaurantes el Castillo de Farnés y El Floridita.

Allí estuvimos laborando nosotros durante unos treinta años más o menos. Siempre fue un negocio familiar. La Zaragozana era un lugar muy visitado por todas las clases sociales de La Habana y del interior, era uno de los lugares de más movimiento en la capital.

Hay una anécdota de que en los años veinte cuando abrió, era una Fonda muy nombrada y al lado del Floridita había una fuente de agua y se dice que cuando los carros de caballos venían por la calle Ayestarán y alguien los paraba para alquilarlos, los cocheros preguntaban que si iban para La Zaragozana, porque ellos a esa hora, llevaban los caballos a tomar agua en esa fuente que había en el Parque Albear que estaba allí mismo cerca.

Así el Restaurant fue adquiriendo nombre y cuando mi padre se hace cargo de él, hizo una división y en una parte sentaba a los cocheros y en el otro a los clientes. Tiempo después quitó la división y cada vez fue subiendo de categoría, llegando a ser uno de los restaurantes más famosos de La Habana.

Más tarde decidimos abrir otro restaurant nuevo y existía un Palacio que había sido la casa de Carlos Miguel de Céspedes, Ministro de Obras Públicas durante el gobierno de Gerardo Machado y allí fundamos este nuevo restaurant. Lo preparamos todo, absolutamente todo, su nombre era *1830 Restaurant -Bar,* para seguir la tradición ya que *La Zaragozana* se había fundado en ese año.

Ese Restaurant, fue inaugurado en 1958, para mí, era uno de los lugares mas bellos del mundo porque ese Palacio se prestaba para eso. Estaba situado en Calzada y 20, en el Vedado, al lado del Río Almendares y era un orgullo para todos los cubanos por la prestancia que tenía.

En el Río Almendares había un embarcadero donde podían atracar barcos de cualquier tamaño y se pensaba hacer un cabaret que por sus condiciones especiales podía llegar a ser más impresionante aún que el mismo Cabaret Tropicana.

Existía una isla artificial de coral en la que había un jardín japonés que llamaba mucho la atención. El *1830* era uno de los restaurantes más lujosos, había varios salones, un Salón Rojo, un Salón Dorado y en cada uno de ellos, había una especialidad.

El Menú era exquisito. Se trajo de Paris a uno de los Chefs mas famosos del mundo para que se hiciera cargo de su preparación y aunque también se servía comida cubana, la cocina del 1830, era altamente francesa. Estaba abierto hasta las tres de la mañana y un grupo musical de violines animaba las noches.

Cuba era un país para vivir, La Habana lo tenía todo, los mejores artistas se vivía diferente. Había amistad y todas las clases se desenvolvían bien. Teníamos cine, pelota, boxeo, jai-alai, carreras de caballos, de galgos, conciertos, teatros, ¡todo! Yo hacía una vida social relativamente intensa y había hecho un viaje aquí a Miami cuando recibí una llamada de mi padre donde me decía que nos acababan de quitar tanto *La Zaragozana* como el *Restaurant 1830*. Nosotros éramos los dueños absolutos.

Vista aérea del Restaurant-Bar 1830 junto al Malecón.

Entonces me quedé aquí en Miami donde decidí abrir un Restaurant muy chiquito con una capacidad para 20 ó 30 personas *"Les Violins"*, en Biscayne Boulevard que llegó a hacerse muy conocido.

Allí trabajaron como camareros muchos artistas famosos que iban llegando al exilio, el restaurant se fue ampliando y era muy concurrido.

Después que cerramos *"Les Violins"* nos trasladamos a Tropigala en el Hotel Fountainbleu en Miami Beach, donde estamos operando ahora y después de estar aquí por más de diez años, hemos abierto un restaurant nuevo en Disneylandia en Los Angeles que se llama Arriba Arriba y seguimos luchando porque la industria gastronómica siga avanzando. Pensamos que éste es el momento para que tanto la comida, como la música latina siga alcanzando niveles mayores.

Pero Cuba sigue en mis sentidos, en mi corazón, allí se vivía muy bien, se trabajaba y se disfrutaba mucho. ¡La Habana lo tenía todo!

Bar y Restaurant

21 y M. Vedado

Empedrado 207. La Habana Vieja. Al centro primer plano, el destacado fotógrafo Bernard Iglesias.

248

Cabaret Montmartre. 23 y P. Vedado. Al fondo, el Hotel Nacional.

Casino.

Hotel Capri.
21 y N,
Vedado.

Cabaret
Salón Rojo.

So fabulously beautiful...so exciting and gay...
the most unforgetable part of your trip to Havana!

Wilbur Clark's New
Casino Internacional

Game in the breath-taking, action-filled casino where the
International Set gathers in Havana...managed by
Wilbur Clark of Las Vegas fame.

Adjoining is the luxurious new Casino Parisién night club with
its world-renowned entertainers and famous dance
orchestras to entertain you nightly.

HOTEL
NACIONAL
DE CUBA
INTERCONTINENTAL HOTEL

¡La Noche...!

FABULOUS TROPICANA in Exciting HAVANA

Montmartre
IRE ACONDICIONADO

TONY MARTIN
America's Greatest Singing Star

NEW PRODUCTION OF
ALBERTO ALONSO
Bamba Iroko Bamba
With Cast of 100 Persons

SANS SOUCI
Night Club-Casino

FROM MARCH 13
THE GOOFERS
Musical Comedy

FROM MARCH 20
The Treniers

LEFTY CLARK'S
NEW OWNERSHIP

Reservations: Melchor BO-7979

MEMBER DINERS CLUB

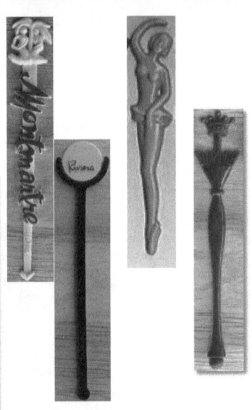

Sans Souci
EL EXCLUSIVO NITE CLUB-CASINO

Nightclub menu, circa 1957. The logo is the same as that of its contemporary sister property on Miami Beach.

Daiquirí

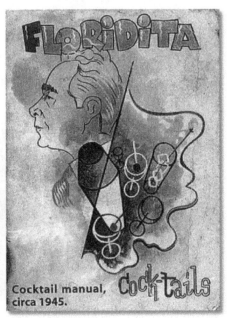

FLORIDITA cocktails

Cocktail manual, circa 1945.

252

Cabaret Sans Souci. Km. 15. hacia Arroyo Arenas.

Estrellas que nos Visitaron.

Marlon Brando en el Cabaret Sierra de Luyanó. 1956.

Frank Sinatra y Ava Gardner pasaron su Luna de Miel en Tropicana y partieron su cake de bodas en el Cabaret Montmartre.Vedado.

P y Humboldt. Vedado.

Cabaret
Nacional,
San
Rafael y
Prado.

L y 25. Vedado.

Edificio FOCSA, M y 17. Vedado.

Concha y Cristina. Luyanó.

Avenida del Malecón.

Teatro Blanquita, 1949. Avenida 1ra. y Calle 10.
Miramar.

Prado y Neptuno frente al Parque Central. La Habana.

Parque de la Fraternidad.

Izq. tienda Sears, detrás la Cia. Cubana de Teléfonos, al frente, el Capitolio.

Noches del Malecón

Despedida al gran pianista
norteamericano Liberace, que con
tanto éxito fuera presentado en el
Cabaret Tropicana, Teatro Blanquita
y en la televisión cubana. De izq. a
der. Sr.Jorge Menéndez, Jefe de
ventas de los discos Columbia,
Liberace y el Sr. Frank Marchena,
vice-presidente de la Compañía
Cubana Radio Philco, distribuidora
de los discos Columbia.

Rolando Laserie: "Yo Tocaba con el Cuarteto en la Barra del Cabaret Sans Souci." Cantante

Yo trabajé con los Mestre de CMQ TV durante trece años, comencé como baterista en *El Show de Olga y Tony,* -ellos eran estrellas absolutas en Cuba en esos momentos- y también en el *Show del Mediodia* de Germán Pinelli, que tenía una teleaudiencia increíble. Después pasé al *Cabaret Sans Souci* con un cuarteto en la Barra, yo tocaba los timbales y cantaba. Tocábamos para que la gente bailara. Alli en la barra había otros grupos también, el Cuarteto D'Aida y otros que animaban las noches.

Los dueños del *Sans Souci,* vieron que cada vez había más público alrededor de nuestro cuarteto y me pasaron al Show del Cabaret como figura principal. Raúl González Jeréz, Gerente General de Sans Souci, tenía una Orquesta de Cha Cha Cha y aparte de esa Orquesta, estaba la de los Shows que dirigía Rafaelito Ortega y con él arranqué yo. El Cabaret tenía una afluencia de público enorme, estaba en sus mejores momentos y eso que quedaba en las afueras de La Habana, en la Carretera hacia Arroyo Arenas. En el año 1953, debuté como artista profesional.

Fui fundador de la Banda Gigante de Benny Moré, él era mi primer fanático, era un gran hombre, muy humilde y con un oído para la música extraordinario, yo tocaba la batería allí con Chocolate y Cabrerita. Peñalver, Virgilio, Barreto y otro que no recuerdo, eran los saxofonistas. Tabaquito en la tumbadora, los trompetas eran Rabanito, Chocolate y Corbacho, en el trombón José Miguel y el bajo era Limonta, Benny el cantante principal por supuesto y el coro lo componían Enrique y Fernando Alvarez.

Cuando esa Banda Gigante llegaba a los famosos bailes aquellos de la Tropical y eso que ya estaban allí Chappotin, Arcaño, Arsenio Rodríguez, bueno, todas las más grandes orquestas y nosotros arrancábamos con el tema aquel de "a la bahia de Manzanillo.." ellos gritaban "llegaron los yanquis!!!", fíjate si esa Orquesta de Benny, estaba "encendía".

Pero como iba diciendo, antes de eso, yo tocaba en *Sans Souci*, en la Barra con el Cuarteto y la gente se salía del salón de baile principal y venía a bailar a donde estábamos nosotros.Después yo tuve mi Orquesta de Cha Cha Cha y estuvimos en New York, en un viaje de promoción del Cabaret y nos presentaron en el Show de Steve Allen, en el año 1954 y asamos un lechón ahi frente a las cámaras. Antes yo había trabajado con Ernesto Duarte y su Orquesta. Miguelito Cuní le dio a Alvarez Guedes la canción *Sabor a Mi*, Bebo Valdés -que era pianista de la Orquesta de Tropicana- le hizo el arreglo, formamos la Orquesta Sabor de Cuba con Bebo y esa ha sido mi canción favorita siempre.

BENNY MORE

el Bárbaro del Ritmo en

ALI BAR

SHOWS
12 y 2:30 a. m.

Avenida Dolores
y Lucero.

•

con

NOEMI y
MARIANELA
ex modelos de Tro-
picana - Bailarinas
internacionales.

•

ANITA ISAAC
cancionera.

•

IGNACIO
VALDES SIGLER
animador.

ROBERTO FAZ Y
SU CONJUNTO

en un "mano a ma-
no" entre

Roberto Faz

Orlando Vallejo y

Fernando Alvarez
el creador de
"Si no eres tú".

Lo mejor en Cervezas, Vinos y Finos
Licores de Importación.

"La Habana era Para Todos los Bolsillos y Exigencias."

Armando Pérez -Blanco

…Yo era cronista de espectáculos y me pasaba la noche recorriendo lugares a ver lo que estaba pasando. Comenzando en la Playa de Marianao, aquello estaba lleno de cabarets pequeños y bares. Allí estaba *La Choricera*, era un cabaret pequeño que estaba muy cerca del Cinódromo, donde se daban las carreras de perros, llegando al paradero de la ruta 32. ¿Te acuerdas? Aquello se animaba de noche con gente del pueblo, obreros, gente de trabajo que iban allí a tomar cerveza. Allí se destacaba "el Chori", ese lugar se llenaba de gente, él era un espectáculo en sí mismo. Tocaba una tumbadora sabrosa, de alto nivel que le daba mucho ambiente al lugar que era muy conocido y frecuentado también por artistas extranjeros como Marlon Brando. Toda esa zona de la Playa estaba compuesta como ya te dije de cabarets pequeños, pero si cogías por la 5ta. Avenida te encontrabas con el Cabaret Pennsylvania. Aquello era diferente, se llevaban buenos espectáculos, había dos shows, uno como a las diez y media y el otro como a las dos de la mañana.

Todo el público que iba saliendo de los grandes cabarets, venía a recalar al Pennsylvania. Al frente le quedaba el Cabaret Panchín, por allí pasaban los tranvías antiguamente. Ahí en ese cabaret estuvo triunfando tres años una artista cubana que interpretaba el género español, era Obdulia Breijo, conocida como "La Sevillanita".Volviendo al Pennsylvania, el dueño de ese cabaret, era el mismo dueño de toda esa acera y se entusiasmó tanto con el mundo del espectáculo, que alquiló también el Rumba Palace, allí iba mucho Alberto Garrido, el famoso "Chicharito". Había bares, puestos de fritas, estaba el Bar El Jaruquito, El Encanto, todo eso llamaba mucho la atención a los turistas, pero en esos lugares no había shows, era solo en los cabarets. Marlon Brando y Errol Flyn estuvieron mucho por esa zona, desde que llegaban a La Habana, ya sabían a donde ir. También frecuentaban mucho el famoso Sloppy Joe's bar, en Animas esquina a Zulueta.

Joseíto Fernández, Alberto Gómez y yo, íbamos con mucha frecuencia al "Kurzal"que estaba en la Avenida del Puerto. Allí, el segundo show era hasta el amanecer, el sol saliendo, los empleados entrando a recoger y a limpiar y nosotros allí descargando. En ese cabaret comenzó Dámaso Pérez Prado, él era el pianista de la orquesta del show y un excelente arreglista y fue el que dió a conocer el mambo años después en el mundo entero. Bueno, allí surge el Cabaret Colonial que estaba en la calle Oficios cerca de la Lonja del Comercio. Había un show especial para los turistas que salían de los Cabarets de lujo como Tropicana, Sans Souci, Montmartre.

Después venía el Cabaret El Chaflán al costado del Hotel Sevilla, ahí recalaban Roberto Faz, Orlando Vallejo, Roberto Espí del Conjunto Casino etc. Luego existieron muchos bares con pretensiones de cabaret, el Johnny Bar, el mismo dueño de este establecimiento inaugura después el Johnny 88 por ahí por Calzada y Línea. Más tarde abrió el Johnny's Dream en la puntilla, Marianao. Allí estuvo Tito Guízar y otros muchos conocidos. Ya al final inauguró el Hotel St. John's en la calle O entre 25 y 27, en el Vedado también. Por aquella misma zona comienza su carrera como cantante Lino Borges en el Club El Escondite de Hernando, por ahí por las calles Humboldt e Infanta, el Conjunto de Balseiro, etc. Frente a Radio Progreso estaba el Cabaret Las Vegas, en Infanta, con ambiente de pueblo, a ese también iba mucho Marlon Brando.

Había otro cabarecito que se llamaba "Peiling", en los altos de ese edificio vivía el cantante Rolando Laserie. Cerca de la embotelladora de la Canada Dry llegando a Infanta, estaba otro cabaret que se llamaba La Campana, allí surgió el cuarteto original de Aida. Seguimos con el Brindis Bar, El Saladito, El Bolero Bar, el Night and Day, El Pasapoga, El Bambú, Topeka, Palette Club, éstos, en zonas diferentes, no necesariamente por la misma área. Cuando todo el mundo estaba durmiendo, nosotros andábamos de recorrido, yo amanecía muchas veces tomándome una sopa china con aleta de tiburón en el Mercado Unico o La Plaza, donde un arroz frito te costaba 25 centavos.

Bueno, había otro cabaret pequeño en Luyanó que se llamaba Las Piedras, allí estaba también el Cabaret Sierra de Joaquin Sierra que presentaba dos shows. No podemos dejar de mencionar el Alí Bar de Alipio García, quedaba en la Avenida Dolores cerca del Club de Cazadores y del Bar Las Cuatro Ruedas, Benny Moré vivía cerca de allí. Debo decir que Alipio era un gran empresario, el siempre se acercaba a la mesa donde estábamos nosotros y era muy solícito, una noche estaba yo con Don Galaor y se me acerca y me dice "voy a hacer un show de hombres nada más, todos boleristas", Orlando Vallejo, Orlando Contreras, Roberto Faz, Benny Moré -cuando el quiera venir- y yo le dije " ¿y eso chico? en un cabaret hace falta mujeres" , "estás equivocado" -me dijo-, "las que mueven a los hombres a salir de la casa, son las mujeres, ellas dicen ¡vamos! y ellos siempre las complacen." Y tuvo mucho éxito. Allí estuvo también René Cabel con Frank Dominguez como pianista, asi como Lucy Fabery, Carmen Delia Dipiní, cantantes todas de mucha calidad.

¿Quién no se acuerda del Alloy's Night Club? Estaba en Fábrica, llegando al Crucero de Luyanó. En este night club se presentó Hugo del Carril -que a la sazón estaba actuando en Radiocentro-. Las grandes empresas contrataban para televisión y radio pero no para cabarets. Yo tenía una oficina de representación de artistas que se llamaba "Producsa" y me fui a hablar con Manolo Cores que era el segundo de los Mestre para estas cuestiones y le dije que me interesaba contratar a Hugo del Carril para el Alloy's, ya que ellos lo habían dejado libre en cuanto a los cabarets y me dijo que estaba bien. Me fui a ver a Hugo a su camerino, nos pusimos de acuerdo y se presentó en el show de la una de la madrugada con su guitarra y fue un éxito. Isidro Serpa del Night and Day quiso presentarlo también allí, pero no tuvo el mismo éxito. Tuvo más resultado en el Alloy's.

La Habana de noche era tan grande que no se acababa nunca. Mira, estaban los Jardines de la Tropical, la Polar, aquello era para todos los bolsillos y exigencias, en cuanto a la variedad de ritmos, orquestas típicas de charangas y conjuntos que amenizaban los bailes,

Aires Libres Hotel Pasaje .Paseo del Prado.

Benny Moré, Fajardo y sus Estrellas, Chapottin, bueno eso era lleno todo el tiempo.

También estaba el Club Candado y el Curros Enriquez en Santos Suárez. No podemos olvidar los "aires libres", el Hotel Saratoga frente al Parque de la India, por ahí pasaron muchas estrellas, conjuntos, tríos, estuvo Nilda Espinosa, Candita Vázquez. Los animadores eran Valladares y Valdespares.

Frente al Saratoga estaba el Café Capitolio, los artistas extranjeros que estaban contratados en La Habana muchos de ellos llegaban directamente del

Aires Libres Hotel Saratoga. Paseo del Prado

aeropuerto a los "aires libres". En Teniente Rey estaba El Dorado que desembocaba en el Teatro Payret. Esos cafés al aire libre llenos de mesas y sillas y orquestas de mujeres, más el olor a salitre que venía del malecón, daban un toque muy especial a las noches habaneras. En el Auditorium se presentó el show del Lido de Paris, también en el Teatro Blanquita de Miramar. Bueno, hablando de los grandes cabarets de La Habana, hay que mencionar el Montmartre en las calles P y Humboldt en el Vedado, ese era el Cabaret por excelencia de la sociedad habanera.

Por allí desfiló la famosa cantante francesa Edith Piaff cuando estaba en su apogeo, Dorothy Lamour, Katyna Raynieri, Pedro Vargas, Maurice Chevalier, Lena Horne, María Félix etc. Mario Agüero era el director artístico del Cabaret y Mario García el manager social . Sergio Orta era el coreógrafo, también Sandor y el norteamericano Carlyse. Uno de los shows más sobresalientes fue Las Mil y Una Noches presentado en 1957, el coreógrafo fue Pedro del Valle.

El Cabaret Tropicana en Marianao, era fabuloso, artistas de talla internacional desfilaron por Tropicana. Nat King Cole, Liberace y muchos más. De 1948 a 1960 actuaron en La Habana alrededor de 162 estrellas de fama mundial, Cab Calloway, Benny Goodman, Tommy Dorsey, Los Chavales de España, Pedro Vargas, Agustin Lara y una lista interminable. En los grandes hoteles teníamos a Manolo Alvarez Mera en el Copa Room del Havana Riviera, el Habana Hilton tenía el Salón Caribe y otros lugares de entretenimiento dentro del propio Hotel, el Hotel Nacional tenía el Casino Parisién, el Capri contaba con el Salón Rojo, además del Cabaret. Entre los restaurantes, teníamos al gran Bola de Nieve y su piano siempre allí en el lujoso Monseigneur de las calles O y 21 en el Vedado. Eso sin contar los innumerables Clubes que había en La Habana que eran muchos, muchos.

.

Armando Pérez –Blanco
"Un Pérez Cualquiera."
Cronista de Espectáculos
de los Periódicos Ataja,
Alerta, El País y otros.
Empresario Artístico.

Guillermo Alvarez Guedes: "En Cuba Todo era en Vivo, Todo se Producía Allí."

Actor, Comediante y Empresario

Nuestra Empresa de Grabaciones "Gema", tenía su oficina en Infanta y Manglar y la fábrica se encontraba en Puentes Grandes. Cuando nosotros comenzamos en los 50's, se grababa todo junto, no se podia grabar la orquesta primero y poner la voz después, mas tarde, sí se hacía. Pero claro, no había las facilidades que hay hoy dia. Hoy puede grabar cualquiera, con la ayuda de la tecnologia, pero en aquellos tiempos había que cantar y los técnicos tenían que arreglárselas porque con veinte músicos metidos en un estudio, tenían que sacar una grabación bien balanceada. Todo era mucho mas difícil, sin embargo, grabaciones que se hicieron en esa época y que hicimos nosotros, pueden competir hoy dia con cualquier grabación actual en sonido. Igual era la televisión y la radio, todo era en vivo. En Cuba había mucho talento porque la gente tenía a donde ir a trabajar. Las primeras grabaciones que hicimos fue a Rolando Laserie, Fernando Alvarez, Trio Los Guaracheros de Oriente, Guillermo Portabales, Miguelito Cuní. Después de 1959 la Compañia se trasladó a New York y allí, seguimos atendiendo talento local.

De todas las ciudades que conozco y conozco muchísimas, no hay comparación con La Habana, todavía hoy dia, muchas de esas ciudades no se pueden comparar con La Habana de antes de 1959. Allí se vivía de verdad, tu podías hacer lo que quisieras a cualquier hora. Podías ver una película europea a cualquier hora, los cines, cabarets, restaurantes abiertos hasta el amanecer. No solamente en entretenimiento, los servicios, lo que tu quisieras lo tenías. Y al alcance de todos los bolsillos, estaban los grandes cabarets pero también estaban los Jardines de la Tropical con varias orquestas de las mejores tocando y la gente bailaba, se tomaba su cerveza y se divertía. Y hablando de cabarets, estaba el Montmarte en 23 y P, La Rampa, era mas exclusivo, estaba más cerca y mas cómodo. Tropicana y Sans Souci estaban en las afueras, eran grandes extensiones. Yo trabajé en una producción de Mario Agüero en el Cabaret Montmartre, escrita por Juan Herbello que se llamó "Solar", la coreografía estaba a cargo de Alberto Alonso, con Sonia Calero, mucho talento y con tremendo éxito y marcó el debut en un Cabaret, de Benny Moré, estaban también Olga Guillot, Rosendo Rosell y otros.

Yo, además de maestro de ceremonia, hacía el papel de borracho. Eran dos shows. En esa época estuvieron presentándose allí, la famosa cantante francesa Edith Piaff . También estuvo Kathyna

Raniery. Después presentamos ese mismo show en el Teatro Martí con Rita Montaner con un éxito tremendo, las entradas se agotaban enseguida. Allí se vivía de verdad. No hay comparación hoy dia en ninguna ciudad del mundo, con aquella Habana de antes de 1959.

***

La Empresa de Grabaciones "Gema", de los hermanos Alvarez Guedes y el músico cubano Ernesto Duarte, fue la que produjo más Hits en 1958.

De cuarenta grabaciones de discos sencillos, la mitad fueron hits.

Se pueden nombrar "Ven Aqui a la Realidad" que se conoció como "Bájate de esa Nube" y "La Noche de Anoche" en la voz de Fernando Alvarez.

"A la Rigola" y "Río Manzanares" en la voz de Rolando Laserie.Fueron estos números y muchos otros los que lograron imponentes records de ventas pocas veces alcanzados en la historia de la música cubana.

En 1958, Rolando Laserie fue reconocido como el cantante folklórico del año.

Orquestas, Conjuntos, Tríos.

Orquesta de Julio Gutiérrez

Orquesta Sabor de Cuba de Bebo Valdés con Rolando Laserie

Orquesta Melodias del 40

Orquesta Riverside

Trío Servando Díaz

Conjunto Casino de Roberto Espí
con Roberto Faz.

Orquesta Hermanos Castro

Orquesta Ernesto Duarte

Orquesta Fajardo y sus Estrellas

Alfonsin Quintana y los Jóvenes del Cayo

Conjunto Saratoga

Conjunto Roberto Faz

El Son es el que le da la Esencia a la Música Cubana.

La música cubana tiene una gran variedad ritmica, fabulosa. Remontándonos al siglo pasado comenzamos con la *Contradanza* a mediados de 1800, que no es más que la influencia de la música europea pero ya perfilando nuestros ritmos, nuestra herencia. Después vino la *Danza* como en 1850 y que fue desarrollada por ese gran pianista cubano, Ignacio

Marco Rizo, pianista y compositor cubano .

Cervantes con un sabor muy cubano. Le siguió el *Danzón* cubano que empezó a desarrollarse a principio de este siglo en la provincia de Matanzas, Cuba, que se llamó *"Alturas de Simpson"* y que fue el primero. Luego vino el *Danzonete* que es una miniatura del *Danzón* pero con la diferencia de que la primera parte en vez de ser instrumental, es cantada y después seguía el estribillo que también era cantado y uno de los pioneros en este estilo, es Joseíto Fernández –autor de la *Guantanamera*- .Más tarde apareció el *Son* y en él, está contenida toda la música cubana. Después vino el *Mambo,* el

Roberto Faz en el Alí Bar.

Cha Cha Cha, el *Guaguancó*, el *Son Montuno*, que es la parte improvisada, el Mozambique, etc. El *Son* es el que le dio la esencia de la música cubana a nuestras raíces, porque en él están contenidas la *Danza*, el *Danzonete*, toda nuestra música, esa que hoy llaman salsa. En cuanto al *Latin Jazz*, eso no es nada nuevo, ya eso lo tocaba yo en Cuba en el año 1938 y otras muchas orquestas como el *Casino,* los *Hermanos Castro,* etc. Cuba es el país que más ritmos ha exportado en esta parte del mundo. La influencia de la percusión cubana, la clave, el güiro, el bongó, la tumbadora que ha sido incorporada a las orquestas sinfónicas y de rock. El genial trompetista norteamericano, Dizzie Gillespie, fue el pionero en la percusión cubana desde 1940, un enamorado de la música cubana. Conoció al extraordinario bongosero cubano Chano Pozo y lo incorporó a su orquesta ya que su gran olfato musical, lo llevó a reconocer en Chano, a uno de los bongoseros mas grande de todos los tiempos, el cual había dejado una huella profunda a través de su influencia en el jazz americano. **N.R. Marco Rizo es el autor de toda la parte musical y el tema principal del famoso show norteamericano "I Love Lucy".**

Ramón S. Sabat.
Presidente

The Cuban Plastic and Record
Corporation (PANART): Primera
Compañia de Grabaciones Cubana.
Fundada por Ramón S. Sabat, 1943.

La Victrola

Ernesto Capote: Cabaret Tropicana

Un Paraíso Bajo las Estrellas

Jefe de Mantenimiento y Luminotecnia
de Tropicana

En Tropicana, nos pasábamos todo el dia trabajando, Martin Fox, el dueño, era un hombre incansable, hoy quería estas plantas aquí y mañana las quería en otro lugar. Yo era el jefe de mantenimiento en general y cuando yo decía, esto no está bien así, Martin decía, esto hay que hacerlo como dice él.

Calle 72 y Línea del Ferrocarril , Marianao. 1939. Salón Arcos de Cristal. Arquitecto, Max Borges Jr. Medalla de Oro, 1953.

El Salón Arcos de Cristal se hizo para cuando lloviera poder hacer el show allí, fue una inspiración del arquitecto Max Borges Jr. que le valió una Medalla de Oro del Colegio de Arquitectos de Cuba en el año 1953.

Toda la iluminación del Cabaret así como las aguas que salían por las cañas bravas, fue hecha por mí.

La bailarina simbolo de Tropicana, es obra de la escultora cubana, Rita Longa, es la que aparece a la entrada del Cabaret, en las servilletas, menú y como revolvedores de los tragos..

La película Tropicana fue filmada allí y en el Club Náutico de Marianao.

En cuanto al vestuario, teníamos un taller de costura y unos almacenes donde se guardaban los trajes que se usaban en los shows y nunca se repetían.

Al frente de los talleres, estaba Pepito, un modisto que es lo mejor que yo he conocido en todos los tiempos, había además una señora española y tres o cuatro costureras. La música para bailar estaba a cargo de la Orquesta de Antonio Maria Romeu Jr. y el Combo de Senén Suárez. El escenario tenía la peculiaridad de que se bajaba a nivel de la orquesta para los bailables y se subía a nivel del escenario para el show.

No se cobraba la entrada y había que ir bien vestido, los hombres con saco. Había una muchacha en la puerta que facilitaba los sacos a aquellos que llegaban de sorpresa y no tenían el vestuario

Casino, Arquitecto Max Borges Jr.

adecuado, después a la salida, los devolvían.

Rodney, Roderico Neyra - ese era su nombre - fue el coreógrafo por excelencia, para mí, el mejor. Ni antes de Tropicana ni después, he conocido a alguien como él.

Yo he estado en Las Vegas y en Europa y te digo que Rodney era inigualable, todo el mundo copiaba de él, pero él no copiaba de nadie, era un creador.

Rodney trabajaba en el Cabaret Sans Souci de Arroyo Arenas, allí hizo Sun Sun Dan Bae que fue un tremendo éxito. Martin lo vio y Ardura, que era socio de Martin en los negocios y era el que se ocupaba de la contratación de los artistas y toda su vida trabajó en Tropicana, lo contrató.

Todo el movimiento escénico, las coreografías, el vestuario, la inventiva de los shows, estaba a cargo de Rodney, también lo consultaba con Ardura. El escogía a las modelos por medio de una audición, eran seleccionadas de acuerdo a su figura y esbeltez así como la gracia al caminar que debía ser con ritmo, ya que no solo debían moverse en el escenario si no, caminar también por las pasarelas entre los árboles, bajar las escaleras que se encontraban en lo alto del escenario, etc. Y todo eso, había que hacerlo con gracia y soltura.

Los Chavales de España y la Orquesta Solera de España fueron presentados en Tropicana con tremendo éxito.

Otros fueron, Josephine Baker, la famosa pareja de bailes internacionales Chiquita & Johnson y muchos más, fueron parte de las grandes producciones del Cabaret Tropicana, a todos ellos les puse las luces yo. También al Principe Negro de la canción, Nat King Cole, que estuvo en tres ocasiones en Tropicana. Cuando él estaba en escena todo el mundo dejaba de comer, no se oía ni una copa, ni un cubierto. El público se quedaba embelesado. Era apoteósico. También fue presentado en el escenario del Cabaret al gran pianista norteamericano Liberace, con un éxito rotundo, era espectacular.

Le hice la iluminación para Olguita Guillot, Meme Solís y Benny Moré, ese era genial. Cuando

entraba al show, no se movía ni una hoja.
Otro que pasó por Tropicana, fue Dámaso
Pérez Prado,
¡impresionante!
El Tropicanita, estaba a la entrada de
Tropicana, a la derecha, era de mi
hermano Rodolfo y cuando los artistas
terminaban el Show en el Cabaret,
muchos de ellos se iban para allá a
descargar.
La Alta Cocina de Tropicana estaba
compuesta por comida cubana e
internacional. Había quien creía
que Tropicana era caro pero allí había
platos por $3.50 que incluía bisté filete.
El Cabaret tenía una promoción para atraer

Bellas modelos de Tropicana durante el show.

turistas que era animado por la pareja de bailes Ana Gloria y Rolando. Ellos bailaban a bordo de
un avión de Cubana de Aviación en un vuelo Habana-Miami y tuvo mucha aceptación entre los
turistas especialmente norteamericanos.
En cuanto a la fuente del Gran Casino Nacional, cuando éste cerró sus puertas y comenzaron a
venderlo todo, Martin Fox se interesó por la fuente y nos llegamos hasta allá porque el quería
que yo la revisara a ver "si se podía trasladar para el Cabaret nuestro".
La miré bien y me di cuenta de que sí era fácil su traslado, solo había que cortar las estatuas y
volverlas a pegar. Martin la compró, se colocó en los jardines y así fue como pasó a formar parte
del Cabaret Tropicana. Todo el juego de las aguas como la iluminación corrió por cuenta mía.
Yo he visitado varios lugares del mundo pero como Tropicana, nada es mejor.

"Ninfas Bacantes /Danza de las Horas".
1920. Del escultor italiano Aldo Gamba .

¡Feliz Año Nuevo!

Melchor Rodríguez García

Las fiestas para celebrar el Año Nuevo en La Habana, tenían tres niveles. El primer nivel era el más alto y correspondía a las más acaudaladas familias de nuestra sociedad que llevaban a cabo sus fiestas en el Gran Casino Nacional y en el Cabaret Montmartre, lugares éstos frecuentados por la sociedad habanera, a golpe de fracs los caballeros y estreno por parte de las damas con creaciones de nuestros más afamados modistos. También podían ser en lugares mas abiertos como los Cabarets Sans Souci y Tropicana sin que faltara el toque de distinción y elegancia. El

segundo nivel podía estar representado por las familias que acudían a los Cines más exclusivos de nuesta ciudad para celebrar allí la llegada del Año Nuevo con un programa que incluía dos películas y un intermedio en el cual a las doce en punto se consumian las tradicionales uvas entregadas a la entrada del mismo y con "cheers" que le daba el adiós al viejo año para darle la bienvenida al Nuevo Año.

Otras familias preferian ir a Clubes y Sociedades para los bailables de la despedida del año y entre éstos estaban El Centro Gallego, El Centro Asturiano, El Centro de Dependientes, El Castellano, el Canario. Otras Sociedades y Clubes regionales también celebraban éstas fiestas, entre ellas la Sociedad del Pilar, la Sociedad Curros Enriquez, el Club Fortuna, Club Aduanas, el Unión Club, el Vedado Tennis Club, el Club Atenas, Los Jóvenes del Vals, el Club Isora, el Círculo Militar y Naval así como los Clubes de recreo de la Playa y muchos más.

El tercer y último nivel correspondía a las celebraciones en casa de estas tradicionales fiestas de despedida del año. Eran fiestas en un ambiente de mucho más calor y color que las otras más convencionales, aunque las otras fueran con música, pitos, matracas, globos, gorros y banderitas, nunca llegaban a alcanzar el sabor que se disfrutaba en el ambiente familiar. Nada de fracs ni de zapatos de charol, ni de vestidos exclusivos para las damas, un vestido agradable para ellas y un par de zapatos y una camisa bonita para los caballeros. Desde muy temprano ese dia 31 se notaba en las calles un movimiento fuera de lo común. Los comercios muy bien adornados, unos con la estampa de un viejo con barbas y una guadaña simbolizando al año que moría y en otros una

276

cigüeña que traía en su pico un niño en pañales que representaba al Año Nuevo. La celebraciones en la casa comenzaban con una cena al estilo mismo de la Nochebuena, arroz blanco, frijoles negros, carne de ave, ensaladas y el consabido lechón, luego venían los turrones y los criollos buñuelos con melado de caña.

Y así como en la Nochebuena eran obligados los vinos, en la Despedida de Año eran las cidras con su ruidoso descorche las preferidas, al igual que las doce uvas, sin olvidar pedir los tres deseos.

Si diariamente había una emisora radial que a las 9 de la noche transmitía desde la Fortaleza de la Cabaña el Cañonazo de las 9 PM, ese dia, el 31 de diciembre, en cuanto se unían las dos

agujas que marcaban las 12 de la media noche, todas las emisoras radiales puestas en Cadena transmitían nuestro Himno Nacional y los locutores anunciaban la llegada del Año Nuevo con un mensaje de felicitación y de esperanza. Algunos vecinos que eran arriesgados, aunque estaba prohibido, hacían disparos al aire y todos los automóviles que en ese preciso momento se encontraban transitando por las calles, comenzaban a tocar el claxon al que se unían en una larga sinfonía las sirenas de todas las fábricas y de los barcos surtos en el puerto así como los silbidos de los trenes. Al mismo tiempo las amas de casa se aprestaban a lanzar cubos de agua hacia la calle como un ritual simbólico de sacar la mala suerte y que el año viejo se la llevara.

Pasado ese climax sonoro, esas mismas estaciones radiales ofrecían la mejor música bailable cubana hasta el amanecer y a echar un pie de lo lindo. Era inevitable que en esa contagiosa alegría, alguno se pasara de tragos y fuera la nota alegre de la fiesta. ¡Feliz Año Nuevo!

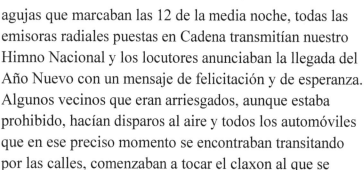

ESPERE EL AÑO NUEVO
con L I N A   S A L O M E
y sus esculturales mulatas las
ESTRELLAS CUBANAS DE MAMBO
además la famosa pareja de baile
CAPPELLA y PATRICIA
MARIA ALBA — MARION INCLAN y CHUCHO MALDONADO

Orquestas:
Havana Cuban Boys y Palau Jr.

CENA: $18.00 a $12.00 mínimo.
RESERVACIONES B9-2489.

Gran Casino Nacional,1928, calle 120 entre 11 y 11ª. Marianao. Arquitecto Rafael Goyeneche.

Salón Bajo las Estrellas

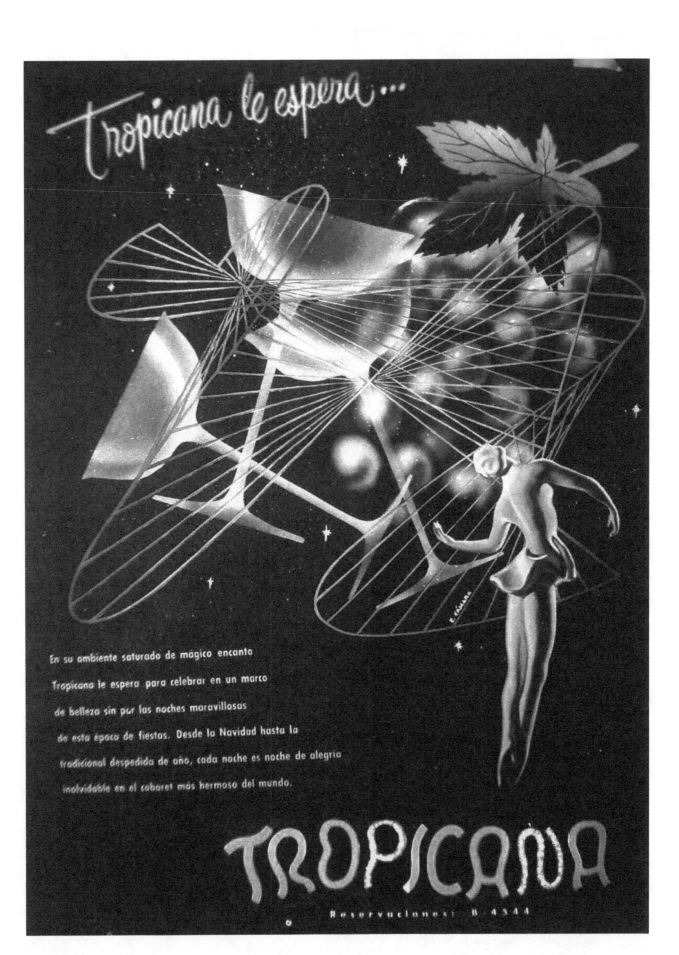

Tropicana le espera...

En su ambiente saturado de mágico encanto
Tropicana le espera para celebrar en un marco
de belleza sin par las noches maravillosas
de esta época de fiestas. Desde la Navidad hasta la
tradicional despedida de año, cada noche es noche de alegría
inolvidable en el cabaret más hermoso del mundo.

TROPICANA

Reservaciones: B-4544

El esplendor de las noches habaneras se complementó con la presencia de famosos artistas españoles que nos visitaron.

Los Chavales de España en Tropicana, al fondo el Hotel Nacional de Cuba.

Orquesta Solera de España en el Casino Hotel Comodoro.

Antonio Molina en el Cabaret Nacional.

Juan Legido y Los Churumbeles de España en el Cabaret Montmartre.

Pablo del Río en el Cabaret Nacional.

Noche Cubana con Benny Moré y su Banda Gigante.

Cabaret Tropicana. Salón Arcos de Cristal. Arquitecto Max Borges Jr. Medalla de Oro 1953.

EN

Montmartre

Grandioso Exito

de

EDITH PIAF

EN ESCENA

Dos Grandes Producciones de Sergio Orta

"Bellas en la Noche"
y
"Malecón Habanero"

2 Shows
10.30 p.m. y 1.30 a.m.

Reservaciones
U-5207, U-6406

VISITE EL NUEVO
"DERBY BAR"
DESDE LAS 6 p.m.

NUEVO CASINO
Bajo la dirección de
Phillip Schaffer
y Arthur Allen

Todas las Noches-BINGO-a las 9 p.m.

Benny Moré

¡El Bárbaro del Ritmo!

Montmartre
Felicidades
1955-56

1955 - FELICIDADES - 1956

Rosendo Rosell: 1950 a 1958 "La Mejor Época de Cuba". Actor, Modelo, Compositor.

El Cabaret Montmartre era un lugar preferido por toda la sociedad habanera así como el Vedado Tennis Club y el Havana Yacht Club. A Tropicana iba el turismo internacional, la gente del interior y público en general, aunque también iba la gran sociedad cubana. En Montmartre hice muchas temporadas al lado de Rita Montaner "la Única", así como de Olguita Guillot, Pedro Vargas, de todos los grandes de la época. Todas las noches se llenaba ese Cabaret para ver la producción *"Solar"* con Alberto Alonso y Sonia Calero. También en Montmartre trabajé con Jimmy Durante, Dorothy Lamour. Todo lo que valía y brillaba en Hollywood y New York, pasó por Montmartre.

Yo tuve el honor y la satisfacción de trabajar con ellos. Nosotros llevamos a Benny Moré al Montmartre, fue la primera vez que el Benny trabajaba en un cabaret. Mario Agüero y yo fuimos una noche al "Alí Bar" a contratarlo. El llenaba todas las noches el "Alí Bar" de Alipio García y yo le dije "Benny, ahora tienes que portarte muy bien porque ya estás en las grandes ligas". La primera noche que actuó, llegó al primer show de las nueve, a las once de la noche. Y la gente lo esperaba y lo perdonaba.

En el Cabaret Sans Soucí de Arroyo Arenas trabajé con la famosa orquesta norteamericana de Tommy Dorsey, allí estuvimos dos semanas presentándolos. Ser artista exclusivo de una firma con nombre constituía un compromiso y mejor sueldo lógicamente, porque se escogía a un artista que tuviera suficiente popularidad.

Por ejemplo, yo fui exclusivo de Bacardí y la cerveza Hatuey primero y después durante cinco años, de la cerveza Cristal. Fui autor de sus campañas publicitarias porque yo formaba parte del Comité Creativo de Publicidad "Guastella". En cuanto a la televisión, protagonicé junto a Velia Martínez *"Los Destruídos"*, uno de los programas cómicos que más éxito ha tenido por el Canal 4 CMBF TV en Mazón y San Miguel, escrito por Joaquín M. Condal. Si se hubiera grabado como se hizo con la Tremenda Corte, hubiera tenido el mismo éxito, pero en aquellos tiempos lo que existía era el kinescopio que costaba más trabajo y no salía bien. Era un programa con mucha velocidad y gracia y con situaciones comiquísimas. Hoy hubiera sido un programa clásico.

Y hablando de televisión, Gaspar Pumarejo jugó un papel principalísimo en la televisión cubana, fue el primero que la llevó a Cuba en octubre de 1950 en blanco y negro. Y en 1958 en colores a través del Canal 12, que tenía sus estudios en el entonces Hotel Habana Hilton en la calle 23 y L en el Vedado. Era un industrial creativo, inspiracional. Los Mestre eran más pragmáticos, llegaron a la televisión después, con recursos y con conocimientos.

Yo considero a Gaspar Pumarejo como la figura principal de la televisión en Cuba. Era genial. Eso lo resume todo. Yo influí en la visita del gran pianista norteamericano Liberace a Cuba, les dije que era muy conocido por el público cubano y no me querían creer, pero por fin Pumarejo decidió traerlo para las socias de "Hogar Club" y fue un éxito.

Como compositor, yo creo que el éxito que han tenido mis composiciones populares en Cuba se debe como todo en mi vida, a la suerte, a llegar a tiempo. Yo aprendí a componer solo, aunque en los primeros años de mi vida formé parte de la Banda Municipal de mi pueblo, Placetas y me bebí dos métodos de solfeo.Tengo varias composiciones que dieron la vuelta, *"Cubita Cubera"*, *"Quien sabe sabe"*, *"Calculadora"*. Cuando se es compositor por nacimiento, la letra y la música vienen juntas y nadie las puede parar. Todo viene de burujón "puñao", de a montón. Recuerdo *"Muchachitas del Bar"*, *"Caimitillo y Marañón"*, *"Repítelo"*, *"Cuba Maravillosa"*, *"Madre Amorosa"*, *"Tus Ojos"*, etc. La inspiración, viene por distintas vertientes, cuando uno está enamorado la inspiración fluye de una manera incontenible, el despecho, el no ser correspondido, todos esos estados anímicos que embargan la mente y el corazón, son motivo de inspiración.

Mira, *"Sabrosona"*, yo la empecé a hacer cuando era solo un estribillo, Mariano Guastella me invitó una tarde a darme unos tragos en el Restaurant "La Zaragozana", ahí en Monserrate y mientras él le marcaba el ritmo en el mostrador, yo le ponía la letra y la música y Mariano le pidió al Trío Servando Díaz que viniera y empezamos a arrollar y toda la gente detrás de nosotros en el Restaurant y fue un Hit antes de que saliera a la calle.

Yo discutía con los grandes maestros como Rafael Lay, Adolfo Guzmán, Belisario López sobre si la frase era muy larga y si no entraba en el compás, siempre salía ganando yo. Parece difícil pero no lo es sobre todo cuando uno tiene la seguridad de que tiene ritmo.

Una vez fuimos a cobrar los derechos a la Sociedad de Autores y Compositores de Cuba y al lado mío estaba uno de los maestros del pentagrama como lo era Leonardo Timor, que era el contrabajista de la Orquesta Habana Casino, muy amigo mío. Yo cobré 115 pesos y él, 85 centavos y como teníamos confianza y amistad, me dijo "oye Rosendo, le zumba el mango que con la música que yo sé y como escribo las canciones, que yo cobre 85 centavos y tú 115 pesos" y yo le pregunté, "maestro, ¿cuántas composiciones tiene usted en las victrolas?" Me dijo "no, yo ninguna," "¡ah!, pues yo tengo cinco que recaudan al mismo tiempo en todas las victrolas".

"Cubita Cubera" la escribí y la RCA Víctor por boca de sus voceros me negó la grabación, entonces les pregunté si no se pondrían bravos si yo formaba una orquesta y lo hacía por mi cuenta y me dijeron que no, que estaba bien y me tiraron a mondongo. Entonces yo formé una orquesta con los mejores violines que había en La Habana, que eran de la Filarmónica, busqué un pianista, un bajista, encontré dos voces cantantes que se parecían a Rafael Lay y a Olmedo de la Orquesta Aragón y les hice la grabación de "Cubita Cubera" y fue un éxito, llegó al primer lugar de la Pizarra Verde de Radio Progreso. Eso demuestra que el público es el que determina.

El restaurant que más me gusta es el que tenga mejor sazón, el que cocine mejor. Me gustaba mucho la comida china, las fondas. Me encantaba el arroz frito de *El Pacífico* en Zanja, yo era experto comiendo comida china, sopa de aletas de tiburón, etc. El mejor Pato a la Naranja se comía en el *Restaurant "Monseigneur"* en O y 21 frente al Hotel Nacional. Los mejores vinos, el mejor queso suizo eran de la *Casa Potín* en Línea y Paseo en el Vedado. Cuando andábamos con unas penurias tremendas, Gonzalo Roig, Eliseo Grenet y yo, ahí estaban *"Los Parados"* en el cuchillo de Neptuno y Consulado y a media cuadra había una fonda de chinos que por once centavos te daban una completa con albóndigas y muchas cosas más. Yo no sé si era el cocinero o lo que le echaban, el caso es que yo me buscaba mis once centavos de lo que había ganado la noche anterior en un teatro del barrio de Las Cañas o de Arroyo Naranjo y me daba un atracón. A mí me gustaban mucho las fritas también, comí tantas que me "enfrité" . Aún cuando la situación mejoraba e iba a grandes restaurantes, yo siempre volvía a mis ancestros, soy muy agradecido. Nunca olvidé a mis amigos ni de la primera infancia ni de la segunda ni de ninguna.

Las camisas de *El Encanto*, siempre me subyugaron, los trajes de *El Sol*, "trajes anatómicos y fotométricos" de la *Manzana de Gómez*, donde fui modelo. La sastrería *"Oscar"* de la calle San

Rafael, los zapatos *"Florsheim"*, yo era nacionalista, siempre fui muy cubano. Había un dependiente en la *Manzana de Gómez* que siempre que había ventas especiales me avisaba y para allá iba yo y como tenía pie de modelo, me daba banquete por 6, 7 y 9 pesos. Las camisas "Norton" y una bata de casa de la misma marca que todavía la conservo en el exilio.Tengo recuerdos muy gratos, fui Rey Momo en los Carnavales de La Habana en 1954, uso el perfume "Mitzouko" de Guerlain que una vez me regalaron augurándome buena suerte cada vez que lo usara. Yo lo compraba en la Agencia Guerlain que estaba en Prado y Colón, en La Habana. Hoy por hoy cuando voy a hacer un show o algo importante, me pongo un poquito aunque sea en las orejas. Todavía tengo porque después lo conseguí en Paris.A mí siempre me ha gustado lo mejor, yo soy selectivo y me gusta siempre vivir en el lugar que yo elijo, que me gusta, el que considero que es el mejor para vivir. Mis carros favoritos eran el *Oldsmobile* y el *Buick*

y yo los compraba aquí en los Estados Unidos y me los llevaba a La Habana en ferry y de allí mismo de la Aduana salía manejando directo por la Vía Blanca hasta Santa María del Mar donde vivíamos.

Montmartre

ANUNCIA

LENA HORNE
desde
Febrero 24

DOROTHY LAMOUR
desde
Enero 27

JACQUELINE FRANCOIS
desde
Mayo 4

MAURICE CHEVALIER
desde
Abril 15

DOROTHY LAMOUR
en
La Gran Producción
CARLYLE
"ALREDEDOR DEL MUNDO"
Exito sin precedente

BINGO
a las 9 p.m.

Próximo Viernes **8**

Sensacional Debut
DEL IDOLO DE MODA

Lucho Gatica

NUEVO CASINO
Bajo la dirección de
Phillip Schaffer y Arthur Allen

2 Shows 10.30 p.m. y 1.30 a.m.
Reservaciones - Frank - U-5207 U-6406

Calle A, La Puntilla. Marianao.

ABIERTO DIA Y NOCHE
GRAN PARRILLADA
Blanquita Amaro
3a. Y 12 — VEDADO

FLASH... LA MAXIMA SENSACION
TEATRAL DEL 1953
Josephine BAKER
VEDETTE MUNDIAL
SE PRESENTARA DESDE EL
LUNES en CAMPOAMOR
¡MAS DE MEDIO MILLON EN JOYAS Y VESTUARIO!

PENNSYLVANIA
NIGHT CLUB
• ADA REX
— charleers
• SONIA SAAVEDRA
— vedette
• ROCIO Y TOLEDANO
— bailes
• MORALES Jr.
— acrobático
• ILEANA
— bailarina exótica
• MANOLO BARNET
— soldador
No mínimo   No cover
3 Shows Hoy Sábado
10:15 - 12:30 - 2:30
MIRAMAR Y CALLE 118 — PLAYA DE MARIANAO

Chelo Alonso modelo y bailarina cubana.

Sans Souci
NITE CLUB CASINO
presenta con orgullo
Alberto Aguilá
consagrado barítono español
ANA GLORIA Y ROLANDO
la mejor pareja de ritmos cubanos
a las 11:30 p.m.
RENDEZVOUS A MEDIANOCHE
y a la 1:30
ALGO PARA RECORDAR
extraordinarias producciones creadas por VICTOR
ALVAREZ con un reparto de figuras estelares
CASINO
abierto desde las 8:30 p.m.
Entretenimiento continuo en el
NEVADA COCKTAIL LOUNGE

En la escena de RADIO CENTRO HOY
"CUBA CANTA Y BAILA"
con
OLGA GUILLOT
BENNY MORE
y su
orquesta gigante
FERNANDO ALBUERNE
TRIO HERMANAS LAGO
Lucerito y el Chaval
y actuación
especial de LOS TEX MEX

293

Olga Guillot: "Cuba era un País con una Vida Nocturna muy Linda".

Cancionera.

¡Cuba era el País de América! Y estamos hablando de hace casi cincuenta años. La vida nocturna de Cuba era impresionante. A las diez de la noche empezábamos a vestirnos, arreglarnos para comenzar la noche. Unos para ir a su trabajo, a los cabarets, al teatro, al cine, otros se preparaban para salir a cenar.

Los que éramos parte de los espectáculos artísticos vivíamos una vida nocturna increíblemente bella. La Habana empezaba de noche. Se llenaba de luces, de música y ahora en estos tiempos cuando salgo de viaje a Europa y a otros países y veo que a las dos de la mañana no hay un restaurant abierto, ¡cómo me acuerdo de La Habana! ¡Cuba, qué país tan adelantado eras!

Esos restaurantes… ese Pacífico, que era un Restaurant muy famoso de comida china en la Calle Zanja, muchos de los artistas nos íbamos para allá de madrugada a tomar sopa china, todos los que salíamos tarde de nuestros trabajos en los Cabarets, Montmartre, Sans Souci, Tropicana y yo -con mi traje largo de lentejuelas y canutillos- aprovechábamos y pasábamos por el Mercado Unico para hacer la factura semanal. Llenaba mi carrito de todo tipo de viandas, boniato, malangas, papas, carne y ¡hasta pescado!

Era una hora tan avanzada de la madrugada, que ya los empleados comenzaban a recoger y a limpiar los pisos con aquellas mangueras de agua y nosotras levantándonos los vestidos para que no se nos fueran a mojar, ¡Qué divertido era! Otras veces nos íbamos para El Tropicanita, que era un lugar que había abierto Martín Fox al lado del Cabaret. Allí nos reuníamos los artistas cuando terminábamos de trabajar para bailar, cenar , en fin, descargar.

Y de La Habana, qué más puedo decirles, las carretillas que vendían frutas de todo tipo y que se encontraban en cualquier parte. Recuerdo expresamente la que se encontraba en la calle Cuba frente a la iglesia El Espíritu Santo. Yo me crié en La Habana Vieja y allí a esa carretilla iba todo el mundo y mi papá también, a comprar mamey, mangos, platanitos, de todo había. Y allí fue donde mi mamá se enteró que yo había grabado un disco.

Yo cantaba con el Cuarteto Siboney y un dia por poco no podemos hacer una grabación el cuarteto completo, porque la cantante principal se había enfermado, entonces el señor Ramón Sabat, que era el dueño de la Compañía de Grabaciones de discos Panart -la primera compañía cubana de grabaciones de discos en Cuba- no quiso supender la grabación y me invitó a mi a que cantara y canté. La canción fue *Stormy Weather* y se oía en todas las victrolas del país. Ahí fue donde mi mamá me preguntó, hija, ¿qué has hecho que todo el mundo está hablando de tí? Nacía Olga Guillot como tal.

En la esquina del Teatro América había una tienda, que vendía mucha bisuteria, se llamaba Bijoux Turner, que el hijo es el que tiene la tienda del mismo nombre aquí en el Hotel Radisson, en Miami. Un dia la mamá de este señor me dice, ven acá, y me puso mis primeros aretes largos de piedras y de ahí en adelante, toda mujer que llevara puesto un vestido largo, se ponía esos aretes largos y asi se convirtieron en una moda a lo Guillot. Son muchos los recuerdos. Antes aquí, la Calle Flagler era para todos los exilados, nuestra Calle Galiano de La Habana. Y subíamos y bajábamos y nos abrazábamos y llorábamos y yo me acordaba tanto de las calles Galiano y San Rafael, Monte, Barcelona, Neptuno y la Calle Obispo, ¡qué belleza de calle!

Las tiendas Fin de Siglo, El Encanto, La Epoca, a mi me vestía Belinda Modas que estaba en Neptuno. Salir a ver vidrieras por las noches, era otro de los encantos que tenía La Habana, en verano y en invierno-los cuatro dias de frio- que teníamos nosotros y nos deleitábamos viendo los abrigos, los sweaters, todas las combinaciones de trajes, ¡que va, no hay comparación!

La cafetería América, en los bajos del Edificio América de Galiano, aquellas galleticas preparadas con jamón, queso y pepinitos y que solo costaban 10 centavos y el café a tres centavos, los helados. Todos nosotros íbamos a esa cafetería a tomar esos helados. En cualquier esquina te podías tomar unos ostiones y los panqués de jamaica, -asi se llamaban- eran exquisitos. Y en una bodega comprabas aceite y te daban la contra en vinagre y si comprabas café te la daban en azúcar, y aquellos aguacatones y plátanos, con un peso comías ampliamente.

¡Qué me van a decir a mi!

Dámaso Pérez Prado - Rey del Mambo.

Aunque todos sabemos que el autor del Mambo es el maestro Israel López "Cachao" -ante quien me inclino respetuosamente, por considerarlo uno de los más grandes exponentes de la música cubana- yo quiero dedicar éstas páginas a un creador. Fue con sus geniales innovaciones, arreglos y composiciones, Dámaso Pérez Prado quien le dio resonancia mundial al Mambo. Mucho tuvo que trabajar nuestro genial creador antes de poder entregarse a lo que era su verdadera vocación, la música. Pianista y arreglista de excepcionales características, sufrió los escollos de todo el que comienza, encontrando a su paso toda una serie de obstáculos que ponían aquellos que no tenían la suficiente visión para descubrir su potencial. Pero ayer, hoy y siempre, el talento y la creación se imponen y los escépticos van quedando en el camino. A partir de la base estructural del mambo creado por el maestro "Cachao", Pérez Prado le imparte una sonoridad muy distinta a la de las orquestas típicas como la de Orestes López, la de Arcaño y sus Maravillas, esas orquestas de la década de los cuarenta de charanga cubana donde las voces estelares, eran el violin y la flauta. Por otra parte, las agrupaciones de conjunto al estilo de la Sonora Matancera, el Conjunto Casino, Rumbavana, el énfasis está dado en las trompetas y en todos los casos, el saxofón está ausente.

Dámaso Pérez Prado y las Dollys Sisters

Aquí es donde el maestro Pérez Prado se distingue como un creador, un innovador, dándole un espacio fundamental al saxofón, a grandes baterias, las trompetas y la percusión se hacen sentir de manera extraordinaria asi como el trombón y hasta el piano suena diferente. Es una formación musical de Big Band americana donde el saxofón juega un papel fundamental. La influencia del jazz en Pérez Prado, era muy grande. Según el maestro Marco Rizo-creador del tema principal y de toda la parte musical del famoso show de la televisión norteamericana "*I Love Lucy*" – "Pérez Prado tenía una proyección universal, su ídolo era Stan Kenton" - extraordinario músico norteamericano director de su propia orquesta de jazz- y en una entrevista que Marco oyó en Los Angeles, Stan Kenton le dijo a Dámaso "has mejorado mi estilo de escribir jazz y lo has introducido en el mambo" "y a su vez Pérez Prado le dio la idea a Kenton de introducir la percusión en el jazz," ¿Qué les parece? Estando en los Estados Unidos comparte con músicos como el famoso bongosero cubano Chano Pozo, Javier Cugat, Dizzy Gillespie y Desi Arnaz. Regresa a Cuba y sigue trabajando en el mambo, esa era su obsesión, ese ritmo que hervía en sus venas y que ocupaba toda su energía y pensamiento. Cuando lo estimó conveniente se marchó a México, allí acompañó al Bárbaro del Ritmo, Benny Moré, ustedes recordarán *Bonito y Sabroso*. Debutó en un famoso Cabaret de la capital y el éxito fue instantáneo, apoteósico. Su nombre aparece en el Hall de la Fama, su música y orquesta en innumerables películas mexicanas, asi como en "La *Dolce Vita*", del famoso director italiano Federico Fellini y hasta el Japón conoció de sus extraordinarias dotes musicales, país éste que visitara en más de veinte ocasiones. Dámaso Pérez Prado fue aclamado por la Asociación de Críticos Norteamericanos como la Orquesta más popular de 1955 y la Compañia Disquera RCA Víctor, le entregó un Disco de Oro por la venta de un millón de discos de su número "*Cerezo Rosa*" en su versión al inglés "*Cherry Pink and Apple Blosson White*". "*Qué Rico Mambo*", vendió más de cuatro millones de discos y "*Patricia*" más de cinco millones. Nuestro genial creador había nacido en Matanzas, Cuba, el 11 de diciembre de 1916 y murió en México a la edad de 73 años, país que lo admiró siempre y donde tuvo su residencia por más de 39 años. Rey del Mambo, nada se ha ido contigo, ni una época, ni un ritmo…¡ni siquiera tu mismo!

CLUBES DE LA HABANA

EL COLMAO Club

Aramburu, esquina a San Rafael. Telf. U-8889. Un rincón de Andalucía en La Habana. Un espectáculo de arte español todas las noches, a las 10:30, 12:30 y 2:30 a.m., con la bailarina internacional Angelita Artero; el concertista de guitarra, Juan Fenollosa; el cantaor de puro estilo, Chiquito de Levante; la canzonetista andaluza, Marisa Romero; el bailarín madrileño, Pepe Menéndez; el cantante, Claudio Robles; la popular Carmita de Aro; el pianista cubano, Carlos Hernández, y el concertista de acordeón, Valentín Valentino. Dirige el recitador español, Enrique Segundo.

JOHNNY'S DREAM Club

Calle A, en las márgenes del río Almendares, a la entrada del Reparto Miramar. Teléfono B9-2832. Orquesta "Johnny Dreams Club", dirigida por Celso Gómez, con su cantante José A. Fernández y el pianista Luis Mora. Horas del Show: 11:15 p. m. y 1:45 a. m. Elenco artístico: Pepe Delage, tenor y animador, presentando a Susan Lee, vedette argentina; Nancy Rubier, cantante; Mercedes de Triana y Angel Salas, pareja de género español y la pareja típica Ibrahím - Lavinia, Los Colegiales del Mambo.

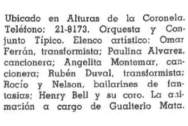

AUTO PISTA Club

Ubicado en Alturas de la Coronela. Teléfono: 21-8173. Orquesta y Conjunto Típico. Elenco artístico: Omar Ferrán, transformista; Paulina Alvarez, cancionera; Angelita Montemar, cancionera; Rubén Duval, transformista; Rocío y Nelson, bailarines de fantasias; Henry Bell y su coro. La animación a cargo de Gualterio Mata.

Cabaret "LAS PIEDRAS"

Luyanó 160 esq. a Villanueva. Orquesta dirigida por Mello Martínez con su cantante Carlos del Valle. Horas del Show: 12 de la noche y 2:30 a.m. Elenco artístico: Olga Chaviano, vedette; Ana y Julio, pareja de bailes internacionales; Nancy Alvarez, cancionera; Salvador Levy, animador y cantante; las Renny Girls, bellísimas chicas que electrizan por arte y ritmo. Parqueo gratis.

Luis García: "En el Plano de lo que era Night Clubs, La Habana era un Lugar Exagerado ".

" Yo considero de verdad, en el plano de lo que era Night Clubs, desde los más grandes hasta los más pequeños, que La Habana era un lugar exagerado", porque yo diría que dos millas, tres millas a la redonda había más night clubs que en toda la Florida. ¡Increíble! Estamos viendo, cuarenta y dos años después, con el adelanto que ha dado la humanidad, porque la humanidad ha adelantado más en los últimos cincuenta años, que en toda la historia anterior. Y en éstos cuarenta y dos años, hemos estado viviendo en un país que es el más grande del mundo, en una ciudad, Miami, que es una ciudad muy rica, que si tu la comparas con otras ciudades de los Estados Unidos no es tan rica, pero si la comparas con todas las ciudades de la América Latina, es la más rica. ¿Verdad? Y sin embargo, aquí no hay ni la décima, ni la centésima parte de la vida nocturna que había en Cuba. Una vida nocturna donde se abrían los centros de lunes a domingo y en aquellos en que los artistas y músicos, descansaban los lunes, iban suplentes por ellos. Te lo digo porque yo viví esa época, no estoy hablando por lo que me contó mi papá ni me contó nadie.Estamos hablando de un lugar que hace cuarenta y dos años, tenía una cantidad de clubes y cabarets increíble, desde los más pequeños hasta los más grandes como Tropicana, Sans Souci, Montmartre, los Cabarets de los Hoteles Havana Riviera, Habana Hilton, Hotel Nacional, Capri. Contándolos todos, había cientos y cientos solamente en La Habana y uno al lado del otro practicamente, que abrían como ya dije de lunes a domingo con música en vivo en todos, parece increíble, ¿Verdad? Ya se había logrado que los cines como el América, Radiocentro, etc. presentaran shows en vivo con músicos y artistas, ya a estas alturas, todos los grandes cines, tendrían shows en vivo.

Yo diría que la vida nocturna que tenía La Habana - claro, yo hablo de La Habana porque era donde yo vivía - además, era la Capital, la vida nocturna que tenía La Habana en el año 1958, la mayoría de los países grandes en estos momentos no la tienen. Y estamos hablando de hace cuarenta y dos años … y ya La Habana la tenía. Los artistas más grandes del mundo en esa época pasaban por Cuba, Maurice Chevalier, Nat King Cole, Josephine Baker, Frank Sinatra, Samy Davis Jr. y los artistas extranjeros decían que tener en su curriculum el haber trabajado en el Cabaret Tropicana en Cuba, era como el pasaporte que abría todas las plazas en el mundo. La otra peculiaridad era que había lugares al alcance de todos los bolsillos, era una gama a escoger desde los más rústicos hasta los de un lujo maravilloso.

Por ejemplo, en el Hotel Habana Hilton había cuatro o cinco lugares con algo, porque en los lugares donde no trabajaba un grupo de baile y un piano bar que era lo que más se usaba, por ejemplo en los restaurantes, que no son lugares para bailar, había tríos o un pianista.En el Hotel Vedado me acuerdo, estaba Henry Espinosa, muy buen pianista que estuvo muchos años allí trabajando. En los lugares a donde no se iba a bailar, había música en vivo. Era una época en que había infinidad de tríos fabulosos, estaban los Té bailables en los Clubes de la Playa y se vivía con una tranquilidad y una felicidad. Yo tuve el gusto de conocer figuras que le dieron mucha gloria a Cuba cuando yo era muchacho y comencé mi carrera en Cuba.

El último país de América en liberarse de España fue Cuba, en 1902. Había otros paises que hacía doscientos años que habían alcanzado su independencia, fuimos los últimos nosotros y sin embargo, tenemos la inmensa dicha de poder decir con orgullo que Cuba era el primer país de América y cuando aparecíamos en segundo o tercer lugar, era comparado con países con muchísimos millones más de habitantes y mucho más poderosos, como los Estados Unidos por ejemplo. Y ahora no estamos hablando de rumba, estamos hablando de leyes sociales también.

¿Recuerdan el *Polinesio*, en el *Habana Hilton*? el *Mandarin, El Bulerias, El Café de Artistas, El Wakamba, La Zorra y el Cuervo, El Tikoa, El Club 21, El Club 23, El Restaurant Monseigneur, El Balalaika, El Flamingo, El Cortijo, El Pigalle, el Saint George, el Escondite de Hernando, el Pico Blanco del Hotel St John, Las Vegas, La Red, La Roca. El Roco, el Willy's, el Johnny 88, el Johnny Dream, El Gato Tuerto, El Rincón Bohemio, El Olokú, El Shangri-la, El Kasbah, El Karachi, La Rue 19, El Atelier, Las Catacumbas, El Calypso, Los Violines, Sayonara, El Scherezada, La Red, el Tally-Ho,* no alcanzaría la noche para recorrerlos todos.

PALERMO Club

Amistad y San José. Cabaret y Restaurant. Teléf. M-5058. Conjunto Palermo dirigido por Emerio Martínez. Horas del Show: 11:30 p.m. y 2:30 a.m. Elenco artístico: Manolo Torrente, cantante; Obdulia Breijo, cantante de género español; Adela D'Acosta, cancionera romántica; Clarisse Kelly, "strip"; y Dorka Domínguez, vedette, con su Conjunto de Baile.

Club NACIONAL

San Rafael y Prado. Cabaret y Restaurant. Teléf. M-9296. Orquestas de Julio Gutiérrez y Humberto Suárez. Horas del Show: 11:30 p.m. y 2:30 a.m. Elenco artístico: Lucy Fabery, cancionera; Isidro Cámara, cantante y animador; Linda y Armando Ferrán, pareja de bailes internacionales; Ballet de Televisión Nacional de Luis Trápaga. Aquarium Bar, abierto desde las 12 del día.

PENNSYLVANIA

Playa de Marianao. Cabaret y Restaurant. Telf. B9-1044. Orquesta de Rafael Rivero. Horas del Show: 10:15, 1:30 y 2:30 de la madrugada. Elenco artístico: Imperio y Toledano, pareja de género español; Rosita Flor de Canela, vedette; Susan Love, soprano; Mario y Pitucha, pareja típica; Manolo Barnet, cantante y animador.

SIERRA Club

Concha y Cristina. Teléf. X-2928. Orquesta Habana-Sierra, dirigida por Pablo Arias y el Conjunto Sierra Club. Horas del Show: 12:40 y 3:10 a.m. Elenco artístico: Lolita Chanquet, canciones rancheras; Berta Montesino, vedette; Ramón Veloz, cantante, y sus guitarristas; Anisia y Rolando, pareja de bailes típicos; Las Mellizas del Campo con Miguel Treviño, cantantes y bailarines españoles; Miguelito CMQ, animador.

Night and Day

Carretera de Rancho Boyeros. Orquesta de Otoniel Acosta y Conjunto Típico. Horas del Show: 11:30 y 2:00 a.m. Revista encabezada y dirigida por la vedette Aidita Artigas, tituladas "Amalá pa Changó" (afro) y "México de fiesta", con el aporte de la soprano Angelita Fariñas, una pareja de género español y un grupo de bellezas. Atracción del Caballito "Night and Day". El que lo monte no paga consumo.

COLONIAL

Oficios 164. Teléf. A-7324. Orquesta de Julio Cuevas. Horas del Show: 10:30, 12:30 y 3:00 a.m. Elenco artístico: Isabel y Elio, pareja de bailes típicos; Omar Ferrán, transformista; Malena y Enrique, pareja de género español; Armando Palacio, tenor y Maestro de Ceremonias.

Cabaret "LA CAMPANA"

Infanta No. 1311. Teléf. U-1713. Orquesta de Pepito Garcés y el Conjunto Jóvenes del Cayo dirigido por Alfonsín Quintana. Horas del Show: 11:30 y 2:30 a.m. Elenco artístico: Nelson Pinedo, cantante; Hermanas Benítez, quinteto de cancioneras; Simone and Roger, pareja de bailes de fantasías; Natty Alfonso, bailarina y cantante de ritmos americanos; Rosita y Carlos, pareja de bailes típicos; Antonio, Maitre.

LAS VEGAS Club

Infanta y 25. Orquesta de Pepe Reyes. Horas del Show: 1:15 y 4 a.m. Elenco artístico: Los Madrileños, pareja de género español; Luisa Margarita Domínguez, cantante; Miriam Balmori, cantante; David Francisco, folklore mexicano; Trío Hermanas Barrera, música popular.

Calle Infanta llegando a La Rampa.

PANCHIN Club

Playa de Marianao. Telf. B-7794. Orquesta California Swing, dirigida por Arturo Mesa. Horas del Show: 11 y media p.m., con excepción de los sábados a las 12 de la noche y el segundo show invariablemente a las 2 y media a.m. Elenco artístico: El notable actor Luis Cabeiro con sus graciosas imitaciones; un coro de bellísimas chicas bajo la dirección del bailarín Miguelito; Hilda Lee, la magnífica cancionera, la pareja típica estelar Cary y Miguelito y Caro Díaz, vedette. Precios populares.

ALI BAR Club

Avenida de Dolores y Carretera de Lucero. Orquesta Antillana de Moisés Alfonso y la Típica de José Antonio Díaz. Horas del Show: 12:30 y 3:30 a.m. Elenco artístico: Benny Moré, el Bárbaro del Ritmo; Orlando Vallejo, cancionero; Candita Vázquez, vedette; Los Menéndez, pareja de género español; Marisol, canzonetista española; Roberto Jaramil, animador.

BOLERO Bar

En los altos del "Bar Bolero", Infanta y Sitios, entrada por la calle Xifré. Elenco artístico: Charles Abreu, el famoso compositor con su nuevo ritmo Combiluye; Haydée Rabell, pimentosa vedette; Los Hermanitos Morgado, sensacional trío juvenil de cantos, guitarras y maracas y Bertica Vidal, cancionera romántica.

HABANA 1900

Humboldt y P. Orquesta dirigida por el popular cantante Laíto. Horas del Show: 12 y 2.30 a.m. Elenco artístico: La monumental vedette Yolanda Insua, con su "Danza de los Puñales"; Sonia Méndez, la cantante uruguaya, interpretando magnífico repertorio de tangos; Marta y Orlando, pareja de género típico; Rosario Zambrano, genial intérprete del género español. Dirección artística y animación a cargo de Eduardo Iglesias. Se anuncia el debut de la cancionera Marta Rabell y otras atracciones.

RUMBA Palace

5ª Avenida y Calle 116 (Playa de Marianao). Teléf. B-7880. Orquesta de Raúl Dihigo. Horas del Show: 10:30 p.m. y 1:30 a.m., los sábados y domingos, 10:30 p.m., 12:15 a.m. y 2 a.m. Elenco artístico: Dorita Rumbaut, la exquisita cancionera, predilecta de los corazones enamorados; Omar Ferrán, transformista de voces en el repertorio de Sarita Montiel; Rubén Duval, transformista; Las Sabours Girls, bailarinas típicas; Rocío y Toledano, pareja española, y Wilfredo Rosabal, cancionero y animador.

MOROCCO Night Club

Prado 402 esquina a Neptuno. Teléf. 6-4570. Administrador Eduardo Gayoso. Orquesta de Mario Fernández Horas del show: 12 y cuarto de la noche y 3 y cuarto de la madrugada. Elenco artístico: Mr. Bemba, sensacional bailarín excéntrico; Sonnia del Mar, vedette; Maruja de Triana, bailarina de género español; Marta y Orlando, pareja típica; René Montoya, tenor; Dora Wong, soprano; Loreta, bailarina exótica; Tintona, transformista y la animación a cargo de Roberto Morelos.

Cortesía Revista Show

Vista aérea del Vedado. Edificio F.O.C.S.A (izq.) .Edificio Someillán (centro) y Hotel Capri (der.).

Goar Mestre.

¡CMQ
en
RADIOCENTRO...

*El Centro Vital
de la
Radiodifusión
Nacional!...*

Inauguración: Marzo 12 de 1948

He aquí convertida en hermosa realidad la aspiración de un Pueblo, que con su calor y apoyo desinteresado, ha hecho posible que hoy Cuba cuente con una de las más modernas y potentes radiodifusoras del Continente Americano.

RADIOCENTRO es el nuevo corazón del Circuito CMQ, pero ahora con más razón, sigue siendo "la casa del pueblo", porque de él nació. Antes, ahora y siempre el CIRCUITO CMQ, fué, es y será defensa del Pueblo y baluarte de su cultura; haciendo bueno su lema de "UN SERVICIO PUBLICO A LAS ORDENES DE LA COMUNIDAD"

La primera onda radial de la CMQ, surcó el espacio

para llegar a los Hogares Cubanos, el 12 de MARZO de 1933. Ahora, al cumplirse QUINCE AÑOS de aquella fecha memorable, el CIRCUITO CMQ, honra de Cuba y Orgullo del Continente, lanzará también su primera onda radial desde RADIOCENTRO -el centro vital de la radiodifusión nacional- en un paso de conquista que lo sitúe entre las primerísimas radio-estaciones de la América.

Al dar cima a este magnífico esfuerzo, no olvidamos dar gracias a cuantos nos han prestado su eficiente cooperación, y ofrecemos al PUEBLO DE CUBA, continuar invariablemente la línea de conducta seguida, reafirmando el contenido de nuestro lema: "Un Servicio Público a las Ordenes de la Comunidad"

CIRCUITO CMQ

Onda corta 8825 kc.

Pinar del Río	810 kc.
Habana	640 kc.
Santa Clara	630 kc.
Camagüey	920 kc.
Holguín	730 kc.
Santiago	850 kc.

C.M.Q.
RADIO Y TELEVISION
3-9911
RADIOCENTRO 23 Y L

1943. "Es entonces que hace su aparición en la escena un joven alto, rubio, de palabra convincente y finos modales, que habla el inglés con el acento de un profesor de Yale, universidad norteamericana donde se ha graduado." Es Goar Mestre, que viene a revolucionar la radio nacional, adaptándola a los gustos de la época. Pero hace algo más: construye "Radiocentro", edificio expresamente acondicionado para su función, dotado de todos los adelantos y el confort necesarios para que se produzca en ellos los mejores programas. Así lleva a la CMQ al lugar cimero de nuestra radiodifusión.

CMQ Radio, 1948. Más tarde, estudios de TV también. Calle 23 entre L y M. Vedado.

Edificio Radiocentro L y 23, Vedado. Arquitectos Emilio del Junco, Miguel Gastón y Martín Domínguez.

Aquellos Años de la Radio que ya no Volverán...

De Fiesta con los Galanes.

De pie, izq. Rolando Barral, Carlos Barba, Jorge Marx, Alberto Insua. Abajo izq. Carlos Alberto Badía y Jorge Félix.

También fueron galanes muy queridos y admirados Pedro Álvarez y Enrique Montaña.

- La Habana que en 1940, contaba con solo 600.000 habitantes, tenía 36 emisoras de radio. En 1922, Cuba fue el primer país latinoamericano y tercero del mundo en lanzar una transmisión radial a través de la PWX de la Cuban Telephone Company desde su Edificio en Águila y Dragones. En el año 1950, el 89% de los hogares cubanos tenía radio y en 1958 había 145 plantas de radioemisoras en todo el país, incluyendo 5 cadenas nacionales, 45 de onda corta y 7 de frecuencia modulada.

- Las aventuras del detective chino Chan Li-Po, de Félix B. Caignet, protagonizadas por Aníbal de Mar y Nenita Viera, fue el programa de mayor radio audiencia en 1937.Cuba fue el primer país de la América Latina en sacar una señal de televisión en blanco y negro (1950). Y en colores en 1958.

La primera novela que se televisó fue en los años 50 y se llamó *"Senderos de Amor"*. El primer largometraje sonoro fue *La Serpiente Roja*, 1937.La primera radioemisora con gran potencia fuera de La Habana fue CMHI en Santa Clara y era propiedad de Amado Trinidad Velazco, conocido como "el Guajiro de Trinidad" quien fuera dueño también de la Revista Ecos. En 1948 fue inaugurado Radiocentro, era un complejo que agrupaba cuatro emisoras de radio, un teatro, restaurantes, cafetería, establecimientos comerciales, oficinas y más tarde estudios de televisión, gracias a la visión y a la audacia de los hermanos Mestre.

Algunos libretistas humorísticos eran Álvaro de Villa, Castor Vispo, Alberto González, Enrique Núñez Rodríguez, Arturo Liendo, Marcos Behmaras, los hermanos Robreño, Alberto Luberta, etc.

Leopoldo Fernández (izq.) y Aníbal de Mar.

Jorge C. Bourbakis, periodista, original creador de "Radio Reloj", emisora que daba la hora cada minuto con noticias y mensajes comerciales. En 1948, cuando inauguraron Radiocentro en L y 23, ocupó un estudio propio en el primer piso. En Cuba todo el mundo se mantenía en hora ajustando su reloj a través de esta emisora y por la noche, con el cañonazo de las nueve. Tenía un ritmico Tic Tac que marcaba los segundos. Contaba con un excelente equipo de locutores y periodistas profesionales que rendían un trabajo extraordinario.

Félix B. Caignet, compositor y dramaturgo cubano, creador de la inolvidable novela *"El Derecho de Nacer" (1948),* protagonizada por Carlos Badía y María Valero, con Martha Casañas en el papel de María Elena.

Manolo Fernández
El Caballero del
Tango

Santiago García Ortega
Actor

*José Le Matt esta noche a las
8:30 por Cadena Azul de Cuba*

Escuche *"Sandokán El Tigre de la Malaysia"* diariamente a las 12 del dia por CMQ .

Armando Couto, escritor cubano, autor de las famosas series "Los Tres Villalobos", (1943) ¿se acuerdan de Rodolfo, Macho y Miguelón? Y "Tamakún, el Vengador Errante."(1941).

308

SURVEY DE LA "ASOCIACION DE ANUNCIANTES DE CUBA"

FEBRERO DE 1958

TOTAL	31.49
CANAL 4	10.20
CANAL 6	15.70
Los otros canales:	5.59

SURVEY DE TELEVISION

1.	CASINO DE LA ALEGRIA	50.8
2.	Garrido y Piñero	39.6
3.	Jueves de Partagós	38.9
4.	Conflictos Humanos	34.5
5.	Miércoles de Amor Palmolive	34.0
6.	Jim de la Selva	33.6
7.	Aquí Todos Hacen de Todo	33.5
8.	Aventuras de Rin Tin Tin	32.9
9.	Viernes a las Ocho	32.5
10.	Cascabeles Candado	32.2
11.	Patrulla de Caminos	30.6
12.	Domingo de Amor Palmolive	30.4
13.	Sheena	28.2
14.	El Show de Pepe Biondi	27.9
15.	El Llanero Solitario	27.7
16.	Los Ricachos	26.6
17.	Esta es tu Vida	25.9
18.	Los Tres Mosqueteros	25.9
19.	Cuquita la Secretaria	25.3
20.	Tic Tac Ford	25.3
21.	Patrulla del Puerto	24.4
22.	Furia	24.1
23.	Frente a la Calle	23.5
24.	Mi Amigo Pedro	23.4
25.	Noticiero CMQ-TV	23.1
26.	El Programa Gravi	22.9
27.	Mi Familia	22.9
28.	Cuatro Locos a las Ocho	21.9
29.	Disneylandia	21.7
30.	Identificación Criminal	21.0
31.	Entre Monte y Cielo	20.6
32.	La Novela de las Diez	20.1
33.	El Album Phillips	19.0
34.	Revista Deportiva Esso	18.6
35.	Sheriff de Cochise	18.6
36.	La Legión Extranjera	18.4
37.	El Tesoro Pilón	18.3
38.	El Derecho de Nacer	18.1
39.	Tombstone Arizona	18.1
40.	Historias de Amor Pond's	17.9
41.	El Show de los Martes	17.9
42.	Yo Quiero a Lucy	17.8
43.	La Ley del Revólver	17.7
44.	Clave 3	17.3
45.	Detrás de la Fachada	16.8
46.	Teatro Revlon	16.6
47.	El Circo	16.6
48.	Martin Kane	16.4
49.	Cuba al Día	16.2
50.	Una Luz en el Camino	15.3

GABY, FOFO Y MILIKI
EXCENTRICOS MUSICALES

Gladys Ziskay

José Le Matt: "La Habana era una Ciudad Espléndida, no solo en Arquitectura, sino, en la Vida Cultural También".

Barítono

Había compañías de Opera, de Zarzuelas, Teatros, Conciertos, Ballet, había para todos los gustos y los Cabarets, eran fenomenales. Al Teatro Blanquita vino la Compañía de Revistas de Esperanza Iris con una cantante italiana, Tina de Mola, muy bonita, que formó pareja con Ernesto Bonino italiano también. Ellos hacían el género revisteril. Sonja Heine era una famosa patinadora norteamericana que inauguró el Blanquita con su espectáculo de patinaje sobre el hielo. También nos visitaron la pareja de baile Martha y Alexander, ellos bailaban en Tropicana. A Enrico Caruso el tenor italiano, le ofrecieron un contrato en Cuba y para hacerse de rogar, dijo que quería 10,000 dólares por función que en aquella época era un dineral y se lo dieron, era como decían, las vacas gordas, había mucho dinero en Cuba. Todos los artistas grandes querían ir a Cuba a La Habana, porque decir que triunfaron en La Habana, era decir triunfaron en América, se consagraban. En el exclusivo Cabaret

En el Cabaret Montmartre se presentaron la estrella de cine norteamericana Ginger Rogers y Fred Astaire, bailarín norteamericano. Edith Piaf, la famosa cancionera francesa. Los Chavales de España y muchos más.

Montmartre, se presentaron Ginger Rogers, la norteamericana que bailaba en muchas películas musicales con Fred Astaire, famoso bailarin norteamericano, también. René Touzet, Edith Piaff la famosa cantante francesa, Los Chavales de España, Rosita Segovia una bailarina española y muchos más. Olga Chaviano estaba en el Sans Souci en el show Sun Sun Dan Bae. Hasta que uno no salía de La Habana, no se daba cuenta de lo que teníamos. Era una ciudad espléndida con una arquitectura. La Habana Vieja me recuerda mucho a Madrid, pero también la calle Reina, todas esas casas de altos y bajos, con escaleras de mármol y los balcones con ciertos adornos, eso nada más tu lo ves en Europa, o sea, que por ese lado era muy europea. Todas las construcciones de mampostería, ahí es donde tu te das cuenta de lo adelantados que estábamos para la época.Entre las tiendas teníamos Fin de Siglo, La Epoca. Había un Café, La Isla, de estilo español, con unos sandwiches muy ricos, helados y comida. Después lo cerraron y hoy dia es la tienda Flogar en Galiano y San Rafael.

Y ahí donde está el Ten Cent, se llamaba La Casa Grande, yo iba con mi mamá y para acompañarla al cuarto de señoras había que subir unas escaleras porque estaba en lo más alto y tenía como un patio con traga luz que se veía por dentro para los bajos de la tienda. También recuerdo que íbamos a Los Precios Fijos que tenía una tarima y ahí tocaba Paulina Álvarez, también Cheo Belén Puig. No había aire acondicionado y tenía unos ventiladores de techo y daban regalos como locos, tu comprabas y de acuerdo a lo que gastabas, enseñabas los vales de compra y te daban regalos. Al fondo del Ten Cent (F.W.Woolworth), había una casa de música "Excelsior" que era de Lydner, después, yo compraba mi música allí. Estaba la tienda The Fair que vendía vestidos y pieles y la Peletería Picanes.

En la época de los 50's yo hacía de todo, televisión, radio, cabaret, entonces Rodney, el coreógrafo de Tropicana, al verme en la televisión me pidió y yo me enteré que me quería para el show por Prensa Libre, porque Seigle el periodista, puso una nota que decía que me querían en Tropicana y un teléfono para que llamara.

Entonces pedí un carro prestado porque yo no tenía y eso estaba en Marianao, llegué bien vestido y esa noche me contrataron, no pedí demasiado dinero para que me contrataran.

Yo sabía lo que ganaba Zoraida Marrero que estaba allí y Miguel Ángel Ortíz, así que pedí un sueldo intermedio y me contrataron y estuve en Tropicana un año y medio haciendo el show "El Omelen-kó" y después estuve en otro con América Crespo que se llamó ¡Qué suerte tiene el cubano! En esa época en que trabajé en Tropicana, estaban también las modelos Martha Véliz, Noemí Marin, Ana María Guerra, Niola Montes etc. Todas eran monumentales.

Yo he estado en tres cabarets en toda mi vida, Tropicana en La Habana, Los Globos en México y el Pasapoga en Caracas. Diez años más tarde regresé a Bellas Artes en México a hacer óperas, género totalmente opuesto. Yo lo he hecho todo.

Canté en coros desde los 14 hasta los 19 años y canté de todo. En mi carrera me ayudó mucho Martha Pérez y el maestro Gonzalo Roig también. Después como solista viajé al extranjero pues eso ayudaba mucho y al regreso tenía mucho más trabajo y mejor sueldo.

Ana Margarita Martínez Casado y yo trabajábamos en todos los programas de televisión en el

Canal 4, hacíamos una pareja juvenil, todas esas cosas de los shows de Broadway con letras en español, lo del Hit Parade Americano con pasitos de Tap, Charleston, de todo. Eramos muy jovencitos, yo empecé en la televisión a los 18 años y según decían televisaba muy bien, tenía ese tipo nórdico que se prestaba mucho, tenía elegancia.Cuando debuté en Tropicana, inauguraron el Salón Bajo las Estrellas, pero cuando llovía, había que hacerlo en el *"Salón Arcos de Cristal"*, que es un diseño del arquitecto Max Borges, Jr. Cuando ensayábamos, había que hacer las dos versiones por si llovía, pero normalmente el show era en *"Bajo las Estrellas"*. Rodney, el coreógrafo, era un genio en la cuestión revisteril, tenía una imaginación bárbara. Los turistas iban allá y se quedaban asombrados porque el aprovechaba los escenarios naturales, a los que le ponían luces y de noche parecía un paraíso.

Le agradezco mucho a Rodney que me haya contratado porque trabajar en Tropicana era como una consagración, si tu hacías los shows en TV y hacías los shows del Teatro América y estabas en Tropicana, ya estabas en todo lo mejor. Lo único era grabar, porque las compañías que eran chiquitas no se lanzaban a grabar a nadie a menos que tu mismo te patrocinaras tu disco y después, si pegaba ellos te hacían otro y lo patrocinaban. Entonces yo no pude grabar hasta más adelante cuando ya tenía más nombre y el riesgo era menor.

Yo estaba en un corito chiquitico de ocho voces cuando inauguraron Radiocentro y me acuerdo que vinieron primero en radio y después en televisión los equipos de la RCA Víctor y los técnicos que enseñaron a los cubanos que enseguida aprendieron y después fueron ellos los que enseñaron a los demás países. ¡Y la clase de músicos que había en Cuba!, la CMQ tenía su orquesta fija con fagot, oboe, arpa, saxofón. Los músicos cubanos tenían mucha calidad y estaba la Sinfónica de La Habana, yo canté con ellos y estuve cinco años en los coros.

Gaspar Pumarejo, fue el que llevó la televisión a Cuba en 1950 y hacían un programita chiquito en Mazón y San Miguel, yo trabajé mucho ahí cuando se convirtió en el Canal 4. Después se inauguró la CMQ en los estudios de Radiocentro y se hizo como circuito cerrado.

Pusieron aparatos de televisión en todo Radiocentro para que el público lo viera y nosotros en un estudio chiquitico donde estaba la cafetería, fue donde hicimos las primeras demostraciones.Todo el mundo iba y hablaba un poquito a ver qué tal televisaba, sin maquillaje ni nada.Y yo tuve la suerte de que Paquito Godínez, el pianista, me dice, "vamos a ponerle un número musical que ahí hay un piano, vamos a un estudio a ensayarlo".

Lo ensayé con él y cuando fui para allá en vez de presentar y hablar dos palabras como hacía todo el mundo, canté la canción "Song in Love", me acuerdo. Lo vio Goar Mestre y lo vio todo el mundo, después hicieron una demostración para los futuros anunciantes en potencia y me llamaron a mí y a Martha Pérez que era la niña linda de la CMQ en aquella época. Yo trabajé mucho en vivo con Ernesto Lecuona y su piano.

Ya después cuando hice las óperas y las operetas, todo era grabado y eso te daba un descanso, solo tenías que preocuparte del escenario y del montaje.

Y cuando se hicieron todos los programas, yo fui de los primeros y en todos actué. El que más te consagraba era el Cabaret Regalías, que después cambió el nombre a Casino de la Alegría.Un programa que yo hacía mucho era el Album Phillips donde Adolfo Guzmán y Rafael Somavilla tocaban el piano a dúo. Margarita Prieto, Emilita Dago y Manolo Fernández eran sus animadores. También hice "Jueves de Partagás". Después la Ambar Motors para inaugurar el Canal 2 me contrató, allí trabajé con Ana Margarita Martínez Casado, Garrido y Piñero y todo el mundo, todo se hacía en vivo, más adelante fue cuando decidieron grabar la parte cantada y uno doblaba y así quedaba asegurado que esa parte iba a quedar bien.Allí hacían unos decorados increíbles, nunca te decían que no a nada. Para Madame Butterfly me hicieron un jardín japonés con el lago, el puente, una maravilla. Para la Traviata, me hicieron –porque ellos tenían departamento de carpintería- unas columnas torneadas y después les dieron una pintura que parecía de mármol, impresionante aquello.

Y volviendo a La Habana, había una tienda que se llamaba La American Grocery en Neptuno y Perseverancia. Era una tienda americana y mi mamá como era norteamericana, celebraba el Thanksgiving que los cubanos no lo celebraban y ella lo hacía todo ella misma, compraba las fruticas, las aplastaba y hacía los pasteles de manzana, de calabaza y también hacía unos pastelitos de guayaba para el gusto del cubano, para mi papá y para nosotros. También teníamos Nochebuena y Navidades, Reyes Magos y Año Nuevo.

Yo iba mucho por San Rafael y Galiano que le decían la "esquina del pecado" principalmente por las empleadas de las tiendas que eran tan lindas y tan bien vestidas. Después entraba en el F.W.Woolworth (Ten Cent) a tomarme un Frozen, las dependientas eran mujeres preciosas muy maquilladas y arregladas y ¡qué limpieza había en esa Fuente de Soda! te comías un sandwich, una ensalada de pollo, cualquier cosa. En cualquier esquina te podías tomar un café, te ponían el café

Jueves de Partagás

314

con leche con dos cafeteras grandes. El primer frac que yo me hice fue en JVallés, esa magnífica tienda de caballeros de San Rafael e Industria, me lo hicieron a la medida para cantar con la Orquesta Filarmónica en La Habana en el año 1951.

Me encantaba caminar por la Habana Vieja, todo Obispo hasta la calle Cuba, pasear por La Habana Vieja era un tesoro, La Plaza de la Catedral, la Bodeguita del Medio y unos restaurantes que había en esa zona o sino, te ibas para la Avenida del Puerto donde estaba El Templete y ¡qué comida tan rica y qué limpio todo! qué servicio con manteles de hilo, almidonados y planchados y agua fría con hielo. El Sloppy Joe's, en Animas y Zulueta era más bien para turistas, como yo no bebía solo fui dos o tres veces, a los americanos les gusta beber y aquello se llenaba. Casi siempre iba a la Manzana de Gómez a comprarme zapatos y me compraba muchos y muy buenos y baratos. Tenía unos pasillos interiores en forma de cruz llenos de tiendas. Fue un concepto adelantado de lo que hoy llaman Mall. La Habana era una ciudad espléndida.

Patrón de Pruebas

315

Olga Chorens y Tony Álvarez, famosos cantantes cubanos.

Gaspar Pumarejo fue el precursor de la Televisión en Cuba, lanzando la primera señal el 24 de octubre de 1950.

EL PRESIDENTE PRIO INAUGURA LA TELEVISION EN CUBA

El pasado martes 24 de octubre, a las doce meridiano en punto, el Honorable Sr. Presidente de la República, inauguró la televisión en Cuba en un acto celebrado en el Salón de los Espejos del Palacio Presidencial, en ocasión de celebrarse un homenaje dedicado a los periodistas en la conmemoración del Día de los mismos. En la foto de la parte superior vemos al Sr. Presidente cuando abrazaba al señor Gaspar Pumarejo, Director de Unión Radio Televisión, empresa que televisó el acto.

Gaspar Pumarejo

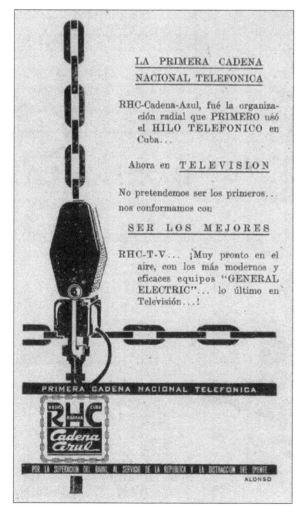

LA PRIMERA CADENA
NACIONAL TELEFONICA

RHC-Cadena-Azul, fué la organización radial que PRIMERO usó el HILO TELEFONICO en Cuba...

Ahora en TELEVISION

No pretendemos ser los primeros.. nos conformamos con

SER LOS MEJORES

RHC-T-V... ¡Muy pronto en el aire, con los más modernos y eficaces equipos "GENERAL ELECTRIC"... lo último en Televisión...!

PRIMERA CADENA NACIONAL TELEFONICA

RHC
Cadena
Azul

POR LA SUPERACION DEL RADIO, AL SERVICIO DE LA REPUBLICA Y LA DISTRACCION DEL OYENTE
ALONSO

CANAL 12

La Habana, Cuba

Un periódico en colores

LA PRIMERA ESTACION DE TELEVISION EN EL MUNDO OPERANDO EXCLUSIVAMENTE EN COLORES.

VEINTE HORAS DIARIAS DE TRASMISION: DE SEIS DE LA MAÑANA A DOS DE LA MADRUGADA.

Presidente:
GASPAR PUMAREJO

La Publicidad

Hay un dicho que dice "no hay civilización sin comercio y no hay comercio sin publicidad". Y a eso hay que agregar " y no hay publicidad sin los medios de comunicación". La publicidad fue pasando por varias etapas, un letrero en la puerta de un establecimiento, un recado personal o en cualquier otro lugar donde hubiera público. Los simbolos, otro elemento muy importante en la publicidad, es lo que se graba en la mente. A medida que aparecieron los periódicos en los siglos XVIII y XIX, se comenzaron a publicar avisos en forma de gacetillas, más tarde en periódicos y revistas en forma de fichas o tarjetas de negocios, algunos con adornos o viñetas tipográficas. Ya se usaba el grabado con más frecuencia y se trata de llamar la atención por medio de la belleza. Entran en función el paisaje, animalitos, decoraciones, etc. Más adelante se descubren nuevos resortes sicológicos. La radio y la composición del anuncio, se confeccionan con un "jingle" o música que acompaña la campaña publicitaria. La imprenta marcó una etapa en la publicidad, la radio otra más avanzada, la televisión sin embargo, fue la que cambió completamente la historia y aunque la prensa y la radio siguen siendo vehículos publicitarios de gran impacto, la televisión es sin duda alguna la más efectiva. Entre las publicitarias más conocidas podemos mencionar, *Siboney, Guastella, Mestre Conill & Co., Carrillo y Cia, Alvarez Pérez, Santamarina, Cambó, Borbolla, Pumarejo, Mestre, etc.*

La Prensa en Cuba

En Cuba se publicaban 58 periódicos diarios además de 126 revistas, algunas de ellas circulaban también en la América Latina como *Bohemia, Carteles y Vanidades.*

La Imprenta llega a Cuba en 1703. Y en 1764, fue publicada *La Gaceta de La Habana* primer periódico cubano. *La Discusión*, introduce el linotipo a fines de 1899. *La Lucha* fue el primer diario que trajo máquina rotativa. El periódico *El Mundo* (1901), fue el primero en utilizar en Cuba los grandes titulares, el cintillo atractivo, las páginas a colores y el primero en introducir las tiras cómicas y las fotos instantáneas, su fundador fue José Manuel Govín. La primera mujer que en Cuba trabajó diariamente en una redacción con sueldo fijo durante varios años fue la señora, Avelina Correa de Malhey. El primer número de la revista *Bohemia* salió el 7 de mayo de 1910, fundada por Miguel Angel Quevedo.Gustavo Herrero es el iniciador de la Crónica Política desde las páginas de *El País* (1925). La Industria Gráfica había alcanzado una extraordinaria perfección técnica. Además de la prensa periódica, se imprimían en las casas editoras numerosos libros con los más modernos sistemas.En 1957 había 600 talleres gráficos que empleaban a 10,000 obreros con modernos equipos de off-set, rotograbados y fotograbados.

Calle N y 23. Vedado.

Calle 23 y O. La Rampa. Vedado.

Hotel Havana Riviera, 1957. Malecón y Paseo. Vedado. 21 pisos, 440 habitaciones, 14 millones de pesos. Diseño de Irving Feldman. Arquitecto Igor Boris Polevitzky.

Hotel Capri, 1958. Calle 21 y N. Vedado. 18 pisos, 245 habitaciones, 8 millones de pesos. Arquitecto Mario Girona.

Avenida del Malecón.
Al centro el edificio
F.O.C.S.A.
Vedado.

Vista aérea del Vedado.

Malecón de La Habana .

Hotel Nacional.

Avenida del Malecón, a la izq. el FOCSA, edificio Someillán al centro. Vedado.

Vista desde el Hotel Nacional, Monumento al Maine (der). Vedado.

El Malecón Habanero

El Malecón de La Habana fue concebido por el ingeniero Francisco de Albear, las obras fueron acometidas por los ingenieros Mr. Mead y Mr. Whitney, comenzando bajo el gobierno interventor del General Wood, (1898-1902), partiendo desde el Castillo de La Punta.

Durante el gobierno de Don Tomás Estrada Palma (1902-1906) y gobiernos sucesivos, se continuaron las obras de ampliación. Bajo el mandato del presidente Fulgencio Batista y Zaldívar (1952-1958), se extendió el muro hasta la desembocadura del Río Almendares.

Hotel Nacional de Cuba, 1930. 8 pisos, 457 habitaciones, 16 suites. O y 21. Vedado. Arquitectos: Mackim, Mead & White.

Atardeceres del Malecón Habanero.

La estatua de Máximo Gómez, a la entrada del túnel de La Habana fue obra del escultor italiano Aldo Gamba, está hecha de mármol italiano de Botticino, granito y bronce. Fue inaugurada el 18 de noviembre de 1935.

El Túnel de La Habana

El Túnel de La Habana enlaza La Habana con la zona del Este al otro lado de la bahía. Se construyó en 30 meses con una capacidad de 1,500 vehículos por hora y por vía. Tiene una longitud de 733 metros, los automóviles podían atravesarlo sin dificultad en 44 segundos a una velocidad de 60 km por hora. Cuatro vías, dos de ida y dos de regreso, las paredes estaban revestidas con una cerámica especial de color blanco mate de elevado poder reflector, una combinación de tubos fluorescentes permitía cuatro niveles de iluminación o alumbrado con una ventilación adecuada a una obra de esa envergadura. La Compañía de Fomento del Túnel de La Habana, S.A. por medio de un concurso internacional, escogió la oferta de la Societe Des Grandes Travaux de Marseille, como la más original y con un costo menor al de otros proyectos. Ingenieros franceses y profesionales cubanos llevaron a cabo esta impresionante obra. Su entrada principal está por Prado y Malecón. Fue inaugurado el 24 de mayo de 1958.

El Cristo de La Habana fue inaugurado el 25 de Diciembre de 1958. Es obra de la escultora cubana Jilma Madera. Tiene una altura de 15 metros y se eleva sobre la Colina de Casablanca, a la entrada del canal del Puerto.

El Morro de La Habana. Diseñado por el ingeniero italiano Juan Bautista Antonelli en 1589.

Paseo del Prado hacia El Morro,
sin sus famosos laureles. 2006.

Avenida del Puerto. Malecón.

Paseo del Prado y Neptuno.
Hotel Sevilla Biltmore (der.)
La Habana.

Paseo del Prado y Neptuno

336

Prado y Neptuno frente al Parque Central

Plaza de la Catedral. La Habana, Cuba

EL BANDO DE PIEDAD

Mrs. Jeannette Ryder y su esposo Clifford Ryder, norteamericanos, fueron los fundadores en 1906 de la Sociedad Protectora de Animales en La Habana conocida como el Bando de Piedad. Mrs. Ryder, también creó el hospital para animales desamparados y combatió el maltrato a los mismos. Esta Institución, no solo atendía a los perros si no también a los niños ofreciendo tratamientos gratis a la gente de escasos recursos, destinando de su propio bolsillo mas de 250,000 dólares a estos fines humanitarios. Después de una ardua labor y una lucha a muerte contra la gente indiferente a este tipo de necesidades, al fin encontró partidarios y colaboradores.

Mrs. Jeannette Ryder.

El Bando de Piedad se constituyó en la calle Paula en un espacio cedido por el Estado cubano. Mrs. Ryder murió en 1931 y en el cementerio se encuentra su tumba y a sus pies, su perrita que nunca quiso separarse de ella negándose a comer o tomar agua hasta morirse alli a su lado.En

1934 con la muerte del periodista Ricardo de la Torriente, se conoció a través de su Testamento que había cedido su finca "Liborio" en el Cotorro para tan noble causa. En 1957, el estado cubano emitió un sello con la imágen de esta humanitaria dama.

Salud Pública

La *Organización Mundial de la Salud* (OMS), reportaba que en 1958, con una población de 6,630,921 habitantes, había en la Isla 35,000 camas de hospitales, un promedio de 1 cama por cada 190 habitantes, cifra que excedía la meta de los países desarrollados de esa época que era 1 cama por cada 200 habitantes.

Según datos de *Statistical Abstract of the United States of America, 1960*, Cuba era el país más higiénico y saludable de Iberoamérica. En 1957, el índice de enfermedades transmisibles era 31.7 por 100,000, el mejor de Latinoamérica. En el año 1958, el coeficiente de mortalidad general no excedía de 7.5 por 1,000 habitantes. Cuba estaba libre de enfermedades cuarentenables. El índice de mortalidad infantil era de 32 por 1,000 nacidos vivos que representaba la más baja mortalidad en la América Latina y décimo tercera a nivel mundial.

Había 97 hospitales civiles cuyos gastos sufragaba el gobierno sin contar los hospitales militares y las clinicas privadas. Cuba contaba con unas 250 cooperativas médicas o clinicas mutualistas debidas a la iniciativa privada sin ningún nexo con el gobierno. Estas brindaban toda la atención necesaria al paciente, incluyendo maternidad, enfermedades infectocontagiosas, cirugías, visitas médicas a domicilio, etc. Muchas de estas organizaciones mantenían al mismo tiempo escuelas gratuítas, clubes de recreo, lugares de esparcimiento y balnearios para asociados. Algunas de ellas eran el *Centro de Dependientes, La Covadonga, Hijas de Galicia, La Quinta Canaria, La Benéfica, La Quinta Castellana* etc. Todo eso por una cuota mensual por debajo de los tres pesos.

Asistencia Social

Otro de los grandes logros sociales lo constituían la *Cruz Roja, Las Damas Isabelinas, La Liga contra la Ceguera, las Casas de Beneficencia* y las organizaciones masónicas y religiosas, además de creches y asilos. La *Corporación Nacional de Asistencia Pública* operaba y mantenía cuatro grandes hospitales infantiles y 28 dispensarios para niños distribuídos por toda la nación. Las *Casas de Socorros* contaban con dentistas gratuítos para la población que no pudiera pagarlo, así como las medicinas.

La ONDI, *Organización Nacional de Dispensarios Infantiles*, le prestaba servicios a los niños desde la cuna hasta la adolescencia a través de todo el país, había 5 en Pinar del Río, 4 en La Habana, 3 en Matanzas, 6 en Las Villas, 5 en Camagüey y 5 en Oriente.

El Consejo Nacional de Tuberculosis contaba con el *Sanatorio La Esperanza, el Hospital Aballí*, el impresionante *Topes de Collantes* en Las Villas, asi como una red de dispensarios antituberculosos en toda la Isla, hospitales de *Maternidad*, el hospital *de Las Animas* para enfermedades infecto-contagiosas. El *Instituo de Cardiología y el Instituto de Cirugía Cardiovascular* – el doctor José M. Martínez Cañas, fue el introductor en Cuba de la electrocardiografía, en 1919 -. El *Hospital Curié* con los equipos más adelantados de la época para los enfermos de cáncer, también estaba la *Liga Contra el Cáncer*, que daba asistencia gratis a miles de pacientes. El *Hospital de Dementes de Mazorra. La ONRI, Organización Nacional Autónoma de Rehabilitación de Inválidos* que daba asistencia a pacientes necesitados de rehabilitación y cirugías. *El Hospital Nacional de Altahabana. El Hospital Naval de Triscornia.*

La *Corporación Nacional de Asistencia Pública* (CNAP), mantenía o subsidiaba un total de 110 instituciones entre las que se encontraban 35 creches, 10 hogares infantiles, 4 hogares de veteranos, 30 asilos y 14 colegios. En 1952 se creó el *Patronato de Asistencia de Niños, Ancianos, Desvalidos y Enfermos (PANADE)*, con el fin de prestar ayuda social y auxilio económico a personas carentes de recursos, asi como auxilio en caso de catástrofe. En 1954 se creó la *Organización Nacional de Comedores Escolares y Populares (ONCEP),* con almuerzo gratuíto para los que no podían pagar.

Cuba fue el primer país en América Latina en crear un *Instituto Antirrábico* donde se producía la vacuna y que fue incorporado después en los años 40 al *Instituto Nacional de Higiene.* Contaba con laboratorios de investigaciones y la elaboración de productos biológicos preventivos y curativos, elaboración de sueros y control de pureza en las bebidas, alimentos y medicamentos.

Cuba fue el primer país de la tierra en aplicar el método de vejigas artificiales. En 1956, cuando los investigadores de los Estados Unidos, se encontraban en la fase experimental de la operación, ya en Cuba se practicaba la primera "plastía" de vejiga artificial. Había por lo menos, siete cirujanos cubanos que la hacía.

El *Hospital Topes de Collantes*, en Trinidad, formado por dos gigantescas alas a 2,640 pies sobre el nivel del mar. Con siete pisos en un área de 33 mil m2, con capacidad para 1,000 camas, con un frigorífico de 17.000 pies cúbicos . Fue inaugurado el 12 de marzo de 1954 como *Centro Antituberculoso.*

Cuba contaba con *14 Bancos de Sangre* y el primer *Banco de Arterias en Hispanoamérica, Banco de Material Humano* (órganos vivos). Cuerpo de Pediatras rurales. La vacunación contra la polio, la viruela, el tétanos, la tuberculosis (BBG), la difteria y la tosferina, eran obligatorias. La fiebre amarilla se erradicó en la Isla gracias al doctor Carlos J. Finlay y a su descubrimiento de que el mosquito Aedes Aegipty, era el agente transmisor. El doctor Joaquin Albarrán fue el fundador de la Urología moderna. Cuba, en el orden de la medicina y el cuidado de la salud, se encontraba situada entre los tres países más adelantados del hemisferio.El estado epidemiológico convirtió a la República en uno de los paises más sanos del mundo.

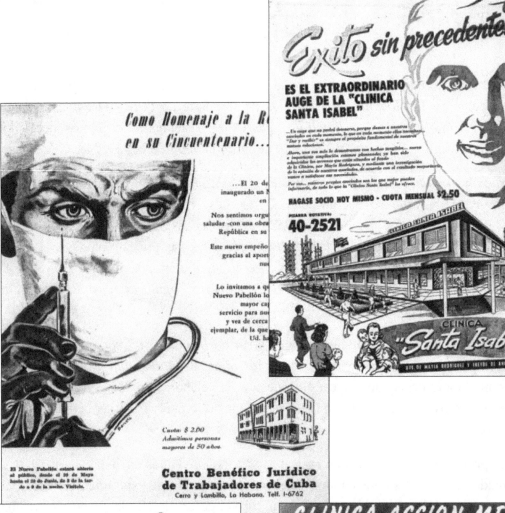

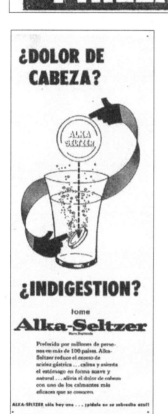

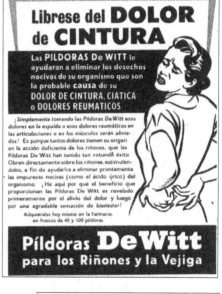

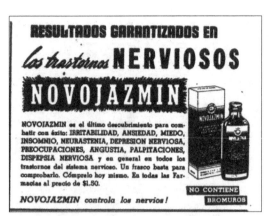

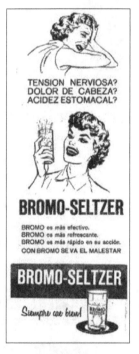

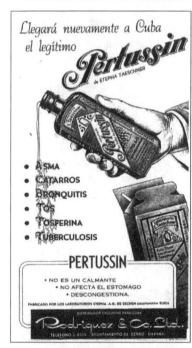

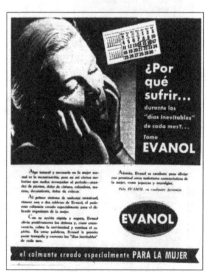

FARMACIAS DE TURNO
HOY MARTES

CASA BLANCA
Calle y Número — Teléfono

Artés núm. 36-1/2 8-7099

DESDE BAHIA A PASEO DE MARTI (PRADO)

Compostela y Tejadillo .. 61-1120
Compostela No. 811 entre Merced y Paula 55-0161
Cuba No. 709 esq. a Jesús María 6-8665
Empedrado No. 217 esq. a Cuba 5-2581
Luz No. 7 esq. a Oficios . 6-3837
Obrapía No. 155 esq. a Mercaderes 5-4848
O'Reilly No. 364 entre Habana y Compostela 5-2222
Teniente Rey No. 261 esq. a Compostela 5-8026
Zulueta No. 251 esquina a Animas 6-7000

DESDE PASEO DE MARTI (PRADO) A PADRE VARELA (BELASCOAIN)

Aguila y Barcelona 8-8610
Angeles No. 217 entre Corrales y Gloria 3-8921
Animas No. 410 entre Galiano y San Nicolás .. 5-3900
Apodaca y Revillagigedo . 5-4845
Consulado y Colón 6-4640
Luz No. 7 esq. a Oficios . 6-3837
Obrapía No. 155 esq. a Mercaderes 5-4848
O'Reilly No. 364 entre Habana y Compostela 5-2222
Teniente Rey No. 261 esq. a Compostela 5-8026
Zulueta No. 251 esquina a Animas 6-7000

DESDE PASEO DE MARTI (PRADO) A PADRE VARELA (BELASCOAIN)

VIBORA, JESUS DEL MONTE Y SANTOS SUAREZ

C esq. a San Miguel ... 9-4371
Calixto García y Yumuri, Párraga
Calzada de Arroyo Apolo número 696 9-6713
Calzada Bejucal No. 2,761, Arroyo Apolo .. ..
Calzada de Managua y Valiente, Arroyo Apolo 9-5582
10 de Octubre y Municipio 9-1717
10 de Octubre y Snta. Emilia 4-7576
10 de Octubre No. 939 esquina a Chaple 4-7533
10 de Octubre No. 1,310 el. Carmen y Patrocinio . 4-5067
General Lee No. 122 esq. a Durege 4-3995
Goss esq. a Estrada Palma 4-3724
Josefina No. 74 esq. a Revolución 4-7053
Juan Delgado y Ave. de Acosta 4-6660
Laguerela No. 62 esq. a Segunda 9-5309
Mangos No. 74 esq. a Delicias 9-6850
Martí No. 543 esq. a Gómez, Arroyo Apolo 9-6496
Mayía Rodríguez No. 452 esq. a Carmen 40-2015
San Leonardo y Flores .. 4-7466
Sta. Catalina y Luz Caballero .. ..
quina a Chaple 4-7533
10 de Octubre No. 1,310 el. Carmen y Patrocinio . 4-5067
General Lee No. 122 esq. a Durege 4-3995
Goss esq. a Estrada Palma 4-3724
Josefina No. 74 esq. a Revolución 4-7053
Juan Delgado y Ave. de Acosta 4-6660
Laguerela No. 62 esq. a Segunda 9-5309

Aguila y Barcelona 8-8610
Angeles No. 217 entre Corrales y Gloria 3-8921
Animas No. 410 entre Galiano y San Nicolás .. 5-3900
Apodaca y Revillagigedo . 5-4845
Consulado y Colón 6-4640
Corrales y Cienfuegos .. 5-7836
Genios No. 262 esquina a San Lázaro 6-2292
Manrique No. 101 esquina a Lagunas 6-4231
Máximo Gómez No. 714 entre Carmen y Rastro .. 5-9025
Reina y Manrique 61-1229
San Lázaro No. 565 entre Lealtad y Escobar .. 6-4268
San Miguel 256 entre Galiano y San Nicolás .. 6-4595
San Miguel No. 454 entre Lealtad y Escobar .. 7-4053
San Nicolás No. 835 esquina a Rayo 61-1080
Virtudes No. 158 esq. a Crespo 6-4737
Virtudes No. 557 esquina a Escobar 6-5020
Zanja No. 162 entre San Nicolás y Manrique .. 8-3500

DESDE PADRE VARELA (BELASCOAIN) HASTA AVENIDA MENOCAL (INFANTA)

Carlos III y Oquendo .. 7-3013
Clavel No. 402 esy. a Arbol Seco 70-8104
Concordia y Oquendo .. 7-6841
Estrada No. 513 esquina a Valle 7-3377

Martí No. 543 esq. a Gómez, Arroyo Apolo 9-6496
Mayía Rodríguez No. 452 esq. a Carmen 40-2015
San Leonardo y Flores .. 4-7466
Sta. Catalina y Luz Caballero 4-4444
Sexta No. 214 esq. a E. Reparto Poey .. .. ..

MANTILLA
Calzada de Managua No. 36 9-5755

CERRO
Albear No. 575 esq. a Sta. 4-9371
Ayestarán No. 635 esq. a Lombillo 7-8550
Blanquita 272 esq. Ave. de Acosta, C. Deportivo . 40-4900
Calzada del Cerro No. 1,395 a Patria 70-6025
Calzada del Cerro No. 1,851 esq. a Peñón 4-8352
Calzada de Puentes Grandes No. 25 .. .. ..
Churruca No. 82 esq. a Pezuela 4-4724
Florencia No. 172 esq. a San Quintín 4-7485

LUYANO—LAWTON
Ave. Dolores No. 353 esq. a Porvenir 9-7003
Ave. Porvenir No. 802 esq. a Santa Catalina .. 9-6275
C. Gilines 20 el. C. Guanabacoa y Puente Alcoy . 9-1919
16 esquina a Tejar 9-1188
Fábrica y Herrera 9-1466

Photo Credit

Martin, Muñiz, Romay, A. Santos, Moré, Bernard Iglesias Col., M.L., OB., Artidiello Col, Fausto Miranda Col. Jorge Menéndez. Revistas Show y Gente de la Semana. Bustamante Col. Max Borges Jr. Col, Raymond O. Labonte Col. Alfredo Rey Col. Jorge Figueroa . R.Batista Col. Gustavo Roca, Mercedes Padrón, ZBR, Bebo Guerrero. Willy González.

Postcards:

Jordi, CASA Morris, Robert Tobacco, BILL LEVY.

Hemos hecho un esfuerzo tratando de localizar los nombres de los fotógrafos de algunas de las imágenes que aparecen en este libro pero ha sido infructuoso. Otras han sido tomadas de la Internet. Desearíamos recibir información sobre aquellas que no se han podido identificar para futuras ediciones y agradecer el hecho de que hayan sido tomadas por sus autores y sirvan ahora para demostrar a nuevas generaciones, la Cuba que un dia tuvimos.

FUENTES

Libro de Oro de la Sociedad Habanera, 1946-1958..

Directorio Teléfonico de La Habana, 1958.

Directorio Social de La Habana, 1950's

Libro de Oro de la Sociedad Habanera, La Habana 1958.

Revista La Quincena, La Habana, enero 1956.

Registro Social de La Habana, 1950's.

Arquitectura, La Habana, nov, 1958.

El Cubano Libre en el Exilio, Miami, 1996.

Progreso Comercial, La Habana, 1955

Bohemia 1940-1959

Carteles 1940-1959

Diario de La Marina 1950-1959

El Mundo 1950-1959

Información 1950-1959

Revista Show 1950-1959

Gente de la semana 1950-1959

Revista Don. La Habana 1950's

El Mundo Ilustrado. La Habana, 1904.

Libro de Cuba 1925-1953. La Habana, 1954.

Arquitectura Cuba , La Habana, 1950's.

Historia de Cuba de Carlos Márquez Sterling,. New York, 1969.

Curso de Historia de Cuba del Dr. Vidal Morales. Miami. Fl. 1969.

Cuba: País Calumniado de Virgilio Ferrer Gutiérrez. Madrid, 1965.

 Elementos de Historia de Cuba del Dr. Rolando Espinosa Carballo, Miami, Fl, 1967

Motivos y Culpables de la Destrucción de Cuba, José López Vilaboy, USA, 1973.

Un Presidente Constructivo, Mario Riera Hernández, Miami, Fl, 1966.

Elementos de Geografía de Cuba, Dr. Rolando Espinosa Carballo. Miami, Fl. 1967.

Anuario Estadístico Cinematográfico, La Habana 1958.

Agradecimiento

Deseamos agradecer primeramente, a estos cubanos que con un alto sentido de su amor por Cuba y con posibilidades económicas también, lograron la creación en el orden material, de este grandioso Pabellón Cubano que es el *Cuban Heritage Collection* en la Universidad de Miami.

A su Directora, Esperanza Bravo de Varona, por haber confiado en esta idea desde el primer momento, por todo el apoyo y ánimo que de ella he recibido, a mis compañeras de trabajo, Lesbia O. Varona, María Estorino, Gladys Gómez-Rossié, Rosa Prieto, Martha Martínez, Annie Sansone -Martínez, Ximena Valdivia y Duvy Argandoña.

Queremos agradecer también a Rosita Abella y a Ana Rosa Nuñez, pioneras en esta gran idea de recopilar datos, imágenes y cuanta cosa tuviera que ver con Cuba hasta culminar con esta gran obra que es el *Cuban Heritage Collection.(CHC)*.

A los que contribuyeron con sus escritos, con sus fotos y a todo aquel que de una manera u otra nos facilitó la forma de llevarlo a cabo, de hacerlo una realidad. A mi querido esposo y co-autor Gustavo Roca, por su dedicación y empeño. A Modesto Arocha por su paciencia y por su trabajo. A nuestra hija Marchela Garlitz Roca, sin su ayuda en la parte técnica, no hubiera sido posible esta difícil tarea. A mis padres que tanto he amado, sin ellos "Yo", no hubiera sido posible y se que desde otra dimensión nos siguen protegiendo, a mis queridos hermanos, a mi familia en general.

Muchas Gracias.